T0198482

essentials

essentials liefern aktuelles Wissen in konzentrierter Form. Die Essenz dessen, worauf es als „State-of-the-Art" in der gegenwärtigen Fachdiskussion oder in der Praxis ankommt. *essentials* informieren schnell, unkompliziert und verständlich

- als Einführung in ein aktuelles Thema aus Ihrem Fachgebiet
- als Einstieg in ein für Sie noch unbekanntes Themenfeld
- als Einblick, um zum Thema mitreden zu können

Die Bücher in elektronischer und gedruckter Form bringen das Expertenwissen von Springer-Fachautoren kompakt zur Darstellung. Sie sind besonders für die Nutzung als eBook auf Tablet-PCs, eBook-Readern und Smartphones geeignet. *essentials:* Wissensbausteine aus den Wirtschafts, Sozial- und Geisteswissenschaften, aus Technik und Naturwissenschaften sowie aus Medizin, Psychologie und Gesundheitsberufen. Von renommierten Autoren aller Springer-Verlagsmarken.

Weitere Bände in der Reihe http://www.springer.com/series/13088

Werner Gleißner · Marco Wolfrum

Risikoaggregation und Monte-Carlo-Simulation

Schlüsseltechnologie für Risikomanagement und Controlling

 Springer

Werner Gleißner
FutureValue Group AG
Leinfelden-Echterdingen, Deutschland

Marco Wolfrum
FutureValue Group AG
Leinfelden-Echterdingen, Deutschland

ISSN 2197-6708   ISSN 2197-6716   (electronic)
essentials
ISBN 978-3-658-24273-2   ISBN 978-3-658-24274-9   (eBook)
https://doi.org/10.1007/978-3-658-24274-9

Die Deutsche Nationalbibliothek verzeichnet diese Publikation in der Deutschen Nationalbiblio-
grafie; detaillierte bibliografische Daten sind im Internet über http://dnb.d-nb.de abrufbar.

Springer ist ein Imprint der eingetragenen Gesellschaft Springer Fachmedien Wiesbaden GmbH
und ist ein Teil von Springer Nature
Die Anschrift der Gesellschaft ist: Abraham-Lincoln-Str. 46, 65189 Wiesbaden, Germany

Was Sie in diesem *essential* finden können

- Sie lernen mit der Monte-Carlo-Simulation eine Methode kennen, die für viele betriebswirtschaftliche Anwendungen (z. B. im Controlling und Risikomanagement) als Schlüsseltechnologie angesehen werden kann und die Risikoquantifizierung ergänzt.

- Die Monte-Carlo-Simulation ermöglicht es, durch die Berechnung einer großen repräsentativen Anzahl risikobedingt möglicher Zukunftsszenarien, z. B. realistische Bandbreiten für die Umsatz- oder Cashflow-Entwicklung anzugeben („Bandbreitenplanung") und hilft so, Scheingenauigkeiten zu vermeiden.

- Die Monte-Carlo-Simulation ist notwendig zur Erfüllung der zentralen gesetzlichen Anforderungen an ein Risikomanagement: Sie ermöglicht nämlich die Risikoaggregation und damit eine Untersuchung, ob durch Kombinationseffekte von Einzelrisiken „bestandsgefährdende Entwicklungen" entstehen können (siehe § 91 Abs. 2 AktG).

- Im Buch wird konkret an Beispielen mit Excel und der Simulationssoftware Crystal Ball gezeigt, wie ausgehend von einer Planung Risikoaggregationsmodelle aufgebaut werden können (z. B. zur Messung der Risikotragfähigkeit).

Inhaltsverzeichnis

Einleitung und Überblick

Thema dieses Buches ist die Risikoaggregation mittels Monte-Carlo-Simulation. Die Risikoaggregation ist die Schlüsseltechnologie im Risikomanagement. Sie ist nämlich nötig, um den Gesamtrisikoumfang und damit den Eigenkapitalbedarf eines Unternehmens zu berechnen. Eine Aggregation der Risiken mit Bezug zur Unternehmensplanung ist auch notwendig zur Erfüllung der gesetzlichen Mindestanforderung an das Risikomanagement: dieses soll nämlich „bestandsbedrohende Entwicklungen" früh erkennen (§ 91 AktG) und solche ergeben sich in aller Regel aus Kombinationseffekten von Einzelrisiken. Die Risikoaggregation ist zudem die Grundlage für eine tatsächlich wertorientierte Unternehmensführung, die ein Abwägen erwarteter Erträge und Risiken bei der Entscheidungsvorbereitung ermöglicht. Da Risiken nicht addierbar sind, und im Allgemeinen keine analytische Formel verfügbar ist, um bestehende Einzelrisiken (im Kontext der Unternehmensplanung) zu aggregieren, benötigt man für die Risikoaggregation stochastische Simulationsverfahren, speziell die Monte-Carlo-Simulation. Diese Methode wird im Buch (auch anhand eines ausführlichen Fallbeispiels) erläutert.

© Springer Fachmedien Wiesbaden GmbH, ein Teil von Springer Nature 2019
W. Gleißner und M. Wolfrum, *Risikoaggregation und Monte-Carlo-Simulation,*
essentials, https://doi.org/10.1007/978-3-658-24274-9_1

Grundlagen des Risikomanagements 2

In Anlehnung an Gleißner (2017a, 2015a).

2.1 Bedeutung des Risikomanagements und rechtliche Grundlagen

Schon immer war es den Unternehmern ein Anliegen, Risiken zu vermeiden, die den Bestand eines Unternehmens gefährden können. Die Relevanz einer systematischen Identifikation, Bewertung und Bewältigung von Risiken hat in den letzten Jahren weiter zugenommen. Zum einen ist der Risikoumfang in vielen Branchen deutlich höher geworden, was sich an schnellen technologischen Veränderungsprozessen, Abhängigkeiten von wenigen Kunden oder ganz neuen Risikokategorien zeigt (z. B. potenzielle neue ausländische Wettbewerber aufgrund der zunehmenden Globalisierung).

Bei einer nicht sicher vorhersehbaren Zukunft ist jedes Unternehmen Chancen und Gefahren (Risiken) ausgesetzt, die Planabweichungen auslösen können. Die Fähigkeit im Umgang mit diesen Risiken ist ein wichtiger Erfolgsfaktor von Unternehmen. Wegen des 1998 in Kraft getretenen Kontroll- und Transparenzgesetzes (KonTraG) und seiner „Ausstrahlwirkung" auf mittelständische Unternehmen ist davon auszugehen, dass das Fehlen eines Risikomanagementsystems bei einer Kapitalgesellschaft einige persönliche Haftungsrisiken für Vorstände und Geschäftsführer mit sich bringen kann.

Schließlich resultiert auch aus der veränderten Kreditvergabepraxis von Banken und Sparkassen infolge Basel II und Basel III das Erfordernis, sich konsequenter mit Risiken auseinanderzusetzen. Die Wirkung eingetretener Risiken (z. B. des Verlusts eines Großkunden oder des unerwarteten Anstiegs der Materialkosten) zeigt sich nämlich im Jahresabschluss und den daraus

© Springer Fachmedien Wiesbaden GmbH, ein Teil von Springer Nature 2019
W. Gleißner und M. Wolfrum, *Risikoaggregation und Monte-Carlo-Simulation*,
essentials, https://doi.org/10.1007/978-3-658-24274-9_2

abgeleiteten Finanzkennzahlen (z. B. Eigenkapitalquote oder Gesamtkapitalrendite). Da diese Finanzkennzahlen im Rahmen der üblichen Ratingverfahren
den eingeräumten Kreditrahmen und die Zinskondition von Unternehmen
bestimmen, haben Risiken somit erhebliche Auswirkungen auf die Finanzierung
eines Unternehmens. So kann durch eine zufällige Kombination mehrerer Risiken
recht schnell eine Situation eintreten, in der die Finanzierung eines Unternehmens
aufgrund eines unbefriedigenden Ratings nicht mehr sichergestellt ist, obwohl
das Unternehmen an sich gute langfristige Zukunftsperspektiven aufweist. Dieses Problem ist insbesondere bei Unternehmen zu befürchten, die eine niedrige
Risikotragfähigkeit (speziell Eigenkapital) aufweisen – unabhängig von mög-
licherweise sonst hervorragenden Erfolgspotenzialen. Insgesamt erfordern die
aktuellen Entwicklungen eine intensivere Auseinandersetzung mit dem Thema
Risikomanagement. Dabei müssen die Voraussetzungen geschaffen werden, um
bestandsgefährdenden Risiken adäquat zu begegnen, und bei wesentlichen unter-
nehmerischen Entscheidungen (z. B. Investitionen) die dort erwarteten Erträge
und die damit verbundenen Risiken gegeneinander abwägen zu können.

Ein derartiges Risikomanagement sollte in die Arbeitsprozess- und Organisations-
struktur eines Unternehmens integriert sein, was zur Etablierung eines sogenannten
„Risikomanagementsystems" führt.

Risikomanagement ist weit mehr als das (selbstverständliche) Einhalten
gesetzlicher Vorschriften (z. B. im Arbeits- und Umweltrecht), das Abschließen
von Versicherungen und das Erstellen von Notfallplänen. Risikomanagement
ist ein umfassender Prozess der Identifikation, Bewertung, Aggregation, Überwachung und gezielten Steuerung aller Risiken, die Abweichungen von den
gesetzten Zielen auslösen können.

Risikomanagement bietet eine Vielzahl ökonomischer Vorteile, wie sinkende
Risikokosten und besser vorbereitete unternehmerische Entscheidungen, und
auch die Aktienkursentwicklung von Unternehmen mit einem niedrigen „fun-
damentalen Risiko" ist deutlich besser als der Gesamtmarkt.[1] Neben dem öko-
nomischen Mehrwert des Risikomanagements – mit der Risikoanalyse und
Risikoaggregation als Schlüsseldisziplin – gibt es aber auch rechtliche Mindestanforderungen, die Risikomanagement, Risikoanalyse und speziell auch Risikoaggregation erforderlich machen.

---

[1]Siehe hierzu Walkshäusl (2013).

Das Kontroll- und Transparenzgesetz im Unternehmensbereich (KonTraG) wurde am 6. März 1998 vom Deutschen Bundestag verabschiedet und trat am 1. Mai 1998 in Kraft. Das KonTraG selbst enthält kaum einen eigenständigen Gesetzestext sondern Verweise auf andere Gesetze, wie das AktG, GenG, HGB oder das PublG, in denen Änderungen im Sinne der Kontrolle und Transparenz vorgenommen wurden. Zentraler Bestandteil des KonTraG und Katalysator für das Risikomanagement ist der § 91 Abs. 2 AktG:

> *„Der Vorstand hat geeignete Maßnahmen zu treffen, insbesondere ein Über- wachungssystem einzurichten, damit den Fortbestand gefährdende Entwicklungen früh erkannt werden."*

In der Begründung des Deutschen Bundestages zum § 91 Abs. 2 AktG heißt es, dass die Verpflichtung des Vorstandes durch das Gesetz besonders hervor- gehoben werden soll und dass die Regelungen analog auch für GmbH gelten („Ausstrahlwirkung"). Diese Verpflichtung umfasst dabei die Einrichtung eines angemessenen Risikomanagements sowie einer angemessenen Internen Revision bzw. internen Überwachung. Mit dem § 91 Abs. 2 AktG sollen somit bestands- gefährdende Entwicklungen früh erkannt und der Fortbestand des Unternehmens sichergestellt werden. Eine Verletzung der Sorgfaltspflichten durch den Vorstand kann zum Schadenersatz führen, stellt also ein persönliches Haftungsrisiko dar.[2]

Zu beachten ist, dass es im Allgemeinen nicht Einzelrisiken sind, sondern Kombinationseffekte von Risiken, die bestandsgefährdende Entwicklungen im Sinne § 91 AktG auslösen. Infolgedessen ist zur Erfüllung der gesetzlichen Anforderungen eine Risikoaggregation erforderlich, die diese Kombinationseffekte auswertet.[3] Eine Risikoaggregation zur Bestimmung des Gesamtrisikoumfangs (Eigenkapitalbedarf) ist entsprechend auch eine wesentliche Anforderung des IDW Prüfungsstandards 340 für Risikofrüherkennungssysteme.

Gefordert wird die Aggregation aller (wesentlichen) Risiken über alle Risiko- arten und auch über die Zeit. Da nur quantifizierte Risiken auch aggregiert wer- den können, ist das Gebot der Quantifizierung sämtlicher Risiken nur konsequent.

---

[2]Für eine weitergehende Darstellung der Kollektivhaftung und der Organisationspflichten siehe Lorenz (2006).

[3]Siehe zur Methodik der Monte-Carlo-Simulation Füser et al. (1999); Gleißner (2005, 2017a, b).

Durch eine Aggregation im Kontext der Planung – Chancen und Gefahren verstanden als Ursache möglicher Planabweichungen – muss untersucht werden, welche Auswirkungen diese auf den zukünftigen Ertrag, die wesentlichen Finanzkennzahlen, Kreditvereinbarungen (Covenants) und das Rating haben. So ist beispielsweise zu untersuchen, mit welcher Wahrscheinlichkeit durch den Eintritt bestehender Risiken (z. B. Konjunktureinbruch in Verbindung mit einem gescheiterten Investitionsprojekt) das durch Finanzkennzahlen abschätzbare zukünftige Rating des Unternehmens unter ein für die Kapitaldienstfähigkeit notwendiges Niveau (B-Rating) abfallen könnte. Gerade die aus der Risikoaggregation ableitbaren Ratingprognosen verknüpfen Unternehmensplanung und Risikoanalyse und stellen so den wichtigsten Krisenfrühwarnindikator dar. Ohne diese gemeinsame Betrachtung, also der Risikoaggregation, ist eine mögliche Bestandsbedrohung des Unternehmens nicht erkennbar.

Mit der sogenannten „Business Judgement Rule" (BJR), die in § 93 AktG formuliert ist[4], existiert ein weiterer wesentlicher Rechtsrahmen, der eine Bedeutung von Risikomanagement, Risikoanalyse und Risikoaggregation impliziert. Im Gesetz gefordert wird nämlich, dass ein Vorstand bei der Vorbereitung unternehmerischer Entscheidungen über „angemessene Informationen" verfügen (und dies auch belegen können) muss. Bei den üblichen Entscheidungen unter Risiko – wie Investitionsentscheidungen, Akquisitionsentscheidungen oder Strategieveränderungen – sind es natürlich insbesondere Risikoinformationen, also Informationen aus Risikoanalyse und Risikoaggregation, die zum Entscheidungszeitpunkt vorliegen müssen. Notwendig ist es also bei Vorstandsentscheidungen aufzuzeigen, welche zusätzlichen Risiken durch diese entstehen und wie sich der aggregierte Gesamtrisikoumfang durch die Entscheidung verändern würde.

2.2   Risikoanalyse und Risikoaggregation

Die erste Phase des Risikomanagements umfasst eine systematische, strukturierte und auf die wesentlichen Aspekte fokussierte Identifikation der Risiken. Für die Identifikation der Risiken können Arbeitsprozessanalysen, Workshops, Benchmarks oder Checklisten genutzt werden.

In der Praxis haben sich folgende Quellen für die Identifikation von Risiken als besonders wesentlich herausgestellt:

---

[4]Sie gilt aber auch für mittelständische Kapitalgesellschaften in Rechtsform einer GmbH.

- Im Kontext der strategischen Unternehmensplanung muss sich ein Unternehmen über seine maßgeblichen Erfolgspotenziale (Kernkompetenzen, interne Stärken und für den Kunden wahrnehmbare Wettbewerbsvorteile) Klarheit verschaffen. Die wichtigen „strategischen Risiken" lassen sich identifizieren, indem die für das Unternehmen wichtigsten Erfolgspotenziale systematisch dahin gehend untersucht werden, welchen Bedrohungen diese ausgesetzt sind.
- Im Rahmen von Controlling, Unternehmensplanung oder Budgetierung werden bestimmte Annahmen getroffen (z. B. bezüglich Konjunktur, Wechselkursen und Erfolgen bei Vertriebsaktivitäten). Alle unsicheren Planannahmen zeigen ein Risiko, weil hier Planabweichungen auftreten können.
- Bestimmte Arten von Risiken lassen sich am besten im Rahmen eines Workshops durch kritische Diskussionen erfassen. Hierzu gehören insbesondere die Risiken aus den Leistungserstellungsprozessen (operative Risiken), rechtliche und politische Risiken sowie Risiken aus Unterstützungsprozessen (z. B. IT). Bei operativen Risiken der Wertschöpfungsketten bietet es sich beispielsweise an, diese Arbeitsprozesse zunächst (einschließlich der wesentlichen Schnittstellen) zu beschreiben und anschließend Schritt für Schritt zu überprüfen, durch welche Risiken eine Abweichung des tatsächlichen vom geplanten Prozessablauf eintreten kann.

Die wesentlichen Risiken werden dann in einem Risikoinventar, einer Art Hitliste der Risiken, zusammengefasst. Um eine Priorisierung der Risiken vorzunehmen, bietet sich im ersten Schritt eine Ersteinschätzung der Risiken anhand einer „Relevanzskala" an, wobei beispielsweise die Relevanzen von „1" (unbedeutend) bis hin zu „5" (bestandsgefährdend) genutzt werden können (vgl. Abb. 2.1).

Mit der Quantifizierung wird ein Risiko zunächst durch eine geeignete (mathematische) Verteilungsfunktion beschrieben. Häufig werden Risiken dabei durch Eintrittswahrscheinlichkeit und Schadenshöhe quantifiziert, was einer sogenannten Binomialverteilung (digitale Verteilung) entspricht. Manche Risiken, wie Abweichung bei Instandhaltungskosten oder Zinsaufwendungen, die mit unterschiedlicher Wahrscheinlichkeit verschiedene Höhen erreichen können, werden dagegen durch andere Verteilungsfunktionen (z. B. eine Dreiecksverteilung mit Mindestwert, wahrscheinlichstem Wert und Maximalwert oder eine Normalverteilung mit Erwartungswert und Standardabweichung) beschrieben (vgl. dazu Kap. 3).

Um alle Risiken miteinander hinsichtlich ihrer Bedeutung vergleichen zu können, bietet sich die Definition eines einheitlichen Risikomaßes an (z. B. der Value at Risk oder Expected Shortfall). Der Value at Risk ist ein realistischer Höchstschaden, der

Risiko	Risikofeld	Wirkung	Bewältigung	Relevanz
Neuer Wettbewerber	*S/M*	*U/EP*	*weitere Intensivierung des Vertriebs*	*4*
Absatzmenge	*L*	*U*	*Frühwarn- und Prognosesystem für Umsatz*	*4*
Zinsänderungen	*F*	*FBE*	*Vereinbarung Zins-Cap, geringere Duration im Portfolio*	*3*
Personalkosten	*M*	*Kfix*	*Selbst tragen*	*3*
Maschinenschaden	*L*	*U*	*Redundante Auslegung*	*3*
Absatzpreisschwankung	*M*	*U*	*Selbst tragen*	*3*
Abhängigkeit von MusterAG	M	U	Vertragsgestaltung, Intensivierung des Vertriebs	2
Kalkulationsfehler	L	U/K	Organisatorische Maßnahmen	2
Haftpflichtschäden b. Kunden	L	AoE	Optimierung des Versicherungsschutzes	2
Wachstumsbed Eigenkapitalmangel	S	EP	Thesaurierung von Gewinnen	2
Übernahme Muster GmbH	F	FBE	Due Diligence	2
Fehlende Kompetenz in Musterland	S	EP	Verkauf des Geschäftsfeldes	2
Motivationsprobleme im Vertrieb	G	EP/U	stärker erfolgsabhängige Entlohnung	1

Risikofelder:
S = Strategisches R.   L = Leistungsr.
M = Marktr.   G = R. aus Corporate Governance
F = Finanzmarktr.   R = Rechtl./gesellschaftl./polit R.

Wirkung:
EP   = Erfolgspotential   Kfix = Fixe Kosten
U   = Umsatz   FBE = Finanz- u.Beteiligungserge.b
Kvar = Variable Kosten   AoE = Außerordentliches Ergebnis

Skala: 4 = hoch; 1 = gering

Abb. 2.1   Risikoinventar. (Quelle: Gleißner 2001)

mit einer bestimmten vorgegebenen Wahrscheinlichkeit innerhalb einer Planperiode nicht überschritten wird. Er kann als Eigenkapitalbedarf interpretiert werden.

Aus dem Risikoinventar kann nur abgeleitet werden, welche Risiken für sich alleine den Bestand eines Unternehmens gefährden. Um zu beurteilen, wie groß der Gesamtrisikoumfang ist (und damit der Grad an Bestandsgefährdung durch die Menge aller Risiken), wird eine sogenannte Risikoaggregation erforderlich, die auch Kombinationseffekte mehrerer Einzelrisiken betrachtet.

Die Risikoaggregation – das Kernthema dieses Buchs – wird in Kap. 4, auch mit einem Fallbeispiel, vertiefend betrachtet.[5]

2.3   Risikobewältigung

Aus der Kenntnis über die relative Bedeutung der einzelnen Risiken und den Gesamtumfang der Bedrohung, die z. B. durch die Eigenkapitaldeckung ausgedrückt wird, lässt sich der Handlungsbedarf für eine gezielte Risikobewältigung ableiten. Risikobewältigungsstrategien können dabei sowohl auf das Vermeiden von Risiken, als auch auf die Begrenzung der Schadenshöhe oder die Verminderung

---

[5]Einen Überblick zur Darstellung der Risikoaggregation in Risikomanagementlehrbüchern findet man bei Braunschmidt et al. (2017); vgl. auch Grisar und Meyer (2015a, b).

der Eintrittswahrscheinlichkeit abzielen. Eine hohe Bedeutung im Rahmen der Risikobewältigung hat der Risikotransfer auf Dritte, mit dem wichtigen Spezialfall der Versicherung gegenüber den Auswirkungen bestimmter Risiken.

2.4 Organisation und Risikoüberwachung des Risikomanagements

Da sich die Risiken im Zeitverlauf ständig verändern, ist eine kontinuierliche Überwachung der wesentlichen Risiken ökonomisch notwendig und durch das KonTraG gefordert. Gemäß den Anforderungen des KonTraG muss daher die Verantwortlichkeit für die Überwachung der wesentlichen Risiken, einschließlich Angaben zu Überwachungsturnus und Überwachungsumfang, klar zugeordnet und dokumentiert werden. Zudem muss die Unternehmensführung eine Risikopolitik formulieren, die grundsätzliche Anforderungen an den Umgang mit Risiken fixiert. Auch die Vorgabe von Limiten und die Definition eines Berichtsweges für die Risiken sind hier zu dokumentieren. Möglichst viele Basisaufgaben für das Risikomanagement sollten durch existierende Managementsysteme abgedeckt werden. So kann z. B. durch die systematische Erfassung unsicherer Planannahmen (Risiken) in Planung, Budgetierung und Controlling zu einer effizienten Integration des Risikomanagements beigetragen werden.

Die Gesamtverantwortung für das Risikomanagement trägt die Unternehmensführung. Sie wird aber wesentliche Aufgaben, speziell die Koordination aller Risikomanagementprozesse, in der Regel einem „Risikomanager" übertragen, der auch für die Verdichtung aller Risikoinformationen in einem Risikobericht verantwortlich ist.

2.5 Entscheidungsvorbereitung und risikogerechte Bewertung

Die Fähigkeiten im Risikomanagement sind bei einer unvorhersehbaren Entwicklung des Unternehmensumfeldes ein zentraler Erfolgsfaktor. Sie tragen bei zur Krisenvermeidung, sichern Rating und Finanzierung und helfen Investitionsalternativen oder Projekte risikogerecht zu beurteilen. Insgesamt unterstützt Risikomanagement die zentrale unternehmerische Aufgabe eines fundierten Abwägens von erwarteten Erträgen und Risiken bei wichtigen Entscheidungen („Bewertung"). Entscheidend ist, dass Risikoanalysen bei der Vorbereitung unternehmerischer Entscheidungen vorgenommen werden, die zeigen, wie sich der Risikoumfang des Unternehmens bei der Entscheidung für eine Handlungsoption verändern würde („Was-wäre-wenn-Analyse").

Es ist ein notwendiger Baustein für eine umfassende strategische, risiko- und wertorientierte Unternehmensführung. Für die Vorbereitung unternehmerischer Entscheidungen ist eine fundierte Strategie, eine darauf aufbauende operative Planung und eben eine Analyse von Chancen und Gefahren (Risiken) notwendig.[6] Bei einer klar von den heute üblichen „kapitalmarkt orientierten" Steuerungssystemen abzugrenzenden „echten" wertorientierten Steuerung wird im Entscheidungskalkül (z. B. über den Kapitalkostensatz) das Ertragsrisiko erfasst (und nicht historische Aktienrendite-Schwankungen wie üblicherweise beim Beta-Faktor des CAPM).[7] Ein solcher, oft vereinfachend als konstant angenommener Kapitalisierungszinssatz (Diskontierungszins k) kann speziell z. B. aus der Standardabweichung des Ertrags σ_{Ertrag} als Risikomaß abgeleitet werden. Das Risikomaß ist ein Ergebnis der Risikoanalyse und Risikoaggregation.[8],[9] Und in Anbetracht der gerade in der Wirtschaftskrise 2007 bis 2009 deutlich gewordenen Rating- und Finanzierungsrestriktion ist die Beurteilung von Handlungsoptionen auch mit Bezug auf das zukünftige Rating erforderlich, auch für risikobedingt mögliche Stress-Szenarien („Stresstest").

---

[6]Vgl. dazu die „Grundsätze ordnungsgemäßer Planung" in Gleißner und Presber (2010); Gleißner (2015b, 2017b).

[7]Vgl. Gleißner (2011a, 2014).

[8]Siehe auch Gleißner (2017a).

[9]Ausgehend vom risikolosen Zinssatz r_f ergibt sich folgende Gleichung für den risikogerechten Kapitalisierungssatz:

$$k = \frac{1+r_f}{1-\lambda\cdot\frac{\sigma_{Ertrag}}{E^e}\cdot d} - 1 = \frac{1+r_f}{1-\lambda\cdot V\cdot d} - 1 \approx r_f + \lambda\cdot V\cdot d$$

Das Verhältnis von Ertragsrisiko σ_{Ertrag} zum erwarteten Ertrag E^e, die beide von Chancen und Gefahren abhängig sind, ist der Variationskoeffizient V. Er ist eine Kennzahl für die Planungssicherheit und das Ertragsrisiko. Die Größe λ zeigt die Überrendite pro Einheit Risiko bzw. wie viel mehr Rendite pro Einheit Risiko bei Alternativinvestitionen (am Aktienmarkt) zu erreichen wäre.

$$\lambda = \frac{Marktrisikoprämie}{\sigma_{rm}} = \frac{r_m^e - r_f}{\sigma_{rm}}$$

Sie ist abhängig von der erwarteten Rendite des Marktindex r_m^e, deren Standardabweichung σ_{rm} und dem risikolosen Basiszins r_f und drückt das Ertrags-Risiko-Profil der Alternativinvestments aus: bewerten heißt vergleichen. Da die Eigentümer nicht unbedingt alle Risiken des Unternehmens σ_{Ertrag} tragen, ist zudem der Risikodiversifikationsfaktor (d) zu berücksichtigen. Er zeigt den Anteil der Risiken, den der Eigentümer zu tragen hat, also bewertungsrelevant ist.

Vgl. zur Herleitung Gleißner (2011a, 2016b) für eine Analyse zu DAX- und MDAX-Unternehmen.

Das Abwägen von Ertrag und Risiko bei der Entscheidungsvorbereitung ist nicht nur ökonomisch sinnvoll. Es ist auch aus rechtlicher Sicht erforderlich, um der Unternehmensführung „angemessene Informationen" bei Entscheidungen unter Unsicherheit bereitzustellen (wie § 93 Aktiengesetz fordert). Organisatorisch erfordert ein entscheidungsorientiertes Risikomanagement, das eng mit dem Controlling zusammenarbeiten sollte, dass nicht nur vorhandene Risiken überwacht werden. Notwendig ist es bei der Vorbereitung von Entscheidungen, Risikoanalysen durchzuführen und zu zeigen, welche Implikationen die Entscheidung hätte für a) den zukünftigen Risikoumfang und b) das Rating bzw. die Insolvenzwahrscheinlichkeit (als Maß für den „Grad der Bestandsbedrohung" des Unternehmens).[10]

2.6   Zusammenfassung: Eckpunkte einer risikoorientierten Unternehmensführung

Das Wichtigste, was man über Risikomanagement und allgemein eine risiko- und wertorientierte Unternehmensführung wissen sollte, ist in den folgenden Kernaussagen zusammenfasst:[11]

1. „Risiken sind die aus der Unvorhersehbarkeit der Zukunft resultierenden Möglichkeiten, dass Planabweichungen auftreten können. Risiko ist der Oberbegriff zu Chance und Gefahr (d. h. möglichen positiven und negativen Planabweichungen).
2. Besonders wesentliche Risiken sind die „strategischen Risiken" (insbesondere Bedrohungen der Erfolgspotenziale) und die Unsicherheiten bezüglich wesentlicher Planannahmen (z. B. bezüglich der Entwicklung von Nachfrage, Rohstoffpreisen oder Wechselkursen).
3. Risikomanagement beschäftigt sich als Querschnittsfunktion im Unternehmen mit der systematischen Identifikation, Quantifizierung, Aggregation, Bewältigung (Steuerung) und Überwachung von Risiken. Zielsetzung ist es, Transparenz zu schaffen über den Risikoumfang, um insbesondere mögliche bestandsbedrohende Entwicklungen rechtzeitig zu erkennen. Ein ökonomischer Mehrwert entsteht insbesondere, wenn schon bei der Vorbereitung unternehmerischer Entscheidungen deren Implikationen für die zukünftigen Erträge einerseits sowie Risiko und Rating andererseits beurteilt werden.

---

[10]Vgl. Gleißner (2017a).
[11]Entnommen aus Gleißner (2017a, S. 525–526).

4. Der Grad der Bestandsbedrohung eines Unternehmens in der Zukunft wird durch das zukünftige Rating ausgedrückt, das ein Maß für die Insolvenzwahrscheinlichkeit ist. Die Berechnung der Implikationen bestehender Risiken für das zukünftige Rating, also die Beurteilung eines Unternehmens aus Gläubigerperspektive, ist notwendig, um bestandsbedrohende Entwicklungen einschätzen zu können.

5. Alle wesentlichen Risiken des Unternehmens sollen und können – adäquate Fachkompetenz vorausgesetzt – durch geeignete Wahrscheinlichkeitsverteilungen beschrieben werden (z. B. durch Angabe von Mindestwert, wahrscheinlichstem Wert und Maximalwert einer Planungsposition).

6. Da normalerweise nicht Einzelrisiken, sondern Kombinationseffekte mehrerer Risiken zu Krisen und „bestandsgefährdenden Entwicklungen" (im Sinne § 91 Abs. 2 AktG) führen, ist die Risikoaggregation die Schlüsseltechnologie im Risikomanagement. Risikoaggregation bestimmt den Gesamtrisikoumfang durch die Berechnung einer großen repräsentativen Anzahl risikobedingt möglicher Zukunftsszenarien (Monte-Carlo-Simulation).

7. Das Abwägen erwarteter Erträge und Risiken über einen Erfolgsmaßstab ist möglich durch die Kennzahl „Unternehmenswert". Diesen kann man ausgehend vom aggregierten Ertragsrisiko über risikogerechte Kapitalkosten berechnen und so z. B. verschiedene strategische Handlungsoptionen vergleichen („Strategiebewertung"). Risikoanalysen sind damit eine notwendige Grundlage für ein wertorientiertes Management, weil man aufgrund von Kapitalmarktunvollkommenheiten aus „historischen Aktienrenditeschwankungen" (Beta-Faktor des CAPM) nicht auf die bewertungsrelevanten zukünftigen Ertragsrisiken des Unternehmens schließen kann.

8. Das Risikomanagement eines Unternehmens sollte soweit möglich für die Erfüllung seiner Aufgaben bestehende und bewährte Managementsysteme – wie Controlling, Qualitätsmanagement oder Projektmanagement – nutzen und, oft im Zusammenspiel mit der Weiterentwicklung des Controllings, zu einem integrierten „wertorientierten Unternehmenssteuerungsansatz" führen. Ziel ist es, die Unternehmensführung in die Lage zu versetzen, bei einer nicht sicher vorhersehbaren Zukunft deren Unwägbarkeiten besser im Entscheidungskalkül berücksichtigen zu können (und so den Unternehmenserfolg nachhaltig zu fördern).

9. Risikobewältigungsmaßnahmen tragen zur Optimierung des Ertrag-Risiko-Profils bei und sind unter Beachtung ihrer Kosten und der Wirkungen auf den Gesamtrisikoumfang zu beurteilen (Optimierung der Risikokosten). Eine grundlegende Verbesserung des Ertrag-Risiko-Profils erfordert meist eine Änderung der Strategie auf dem Weg zu einem „robusten Unternehmen". Dieses meidet kritische Abhängigkeiten, hat ein hohes Risikodeckungspotenzial, hohe Flexibilität und baut auf Kernkompetenzen, die auf möglichst vielen attraktiven Märkten Wettbewerbsvorteile (Preissetzungsmacht) nachhaltig absichern.

10. Bei einer nicht sicher vorhersehbaren Zukunft sollten alle Mitarbeiter – und insbesondere die Unternehmensführung – jedes Management auch als Risikomanagement auffassen. Chancen und Gefahren, auch aus der unsicheren Wirkung der eigenen Aktivitäten und Entscheidungen, sollten grundsätzlich auch im üblichen Tagesgeschäft adäquat beachtet werden."

Risikoquantifizierung als Grundlage der Risikoaggregation

3

3.1 Quantitative Beschreibung von Risiken: Verteilungsfunktionen

Im Anschluss an die Risikoidentifikation erfolgt die Risikoquantifizierung. Es empfiehlt sich, diese in zwei Stufen durchzuführen, nämlich zuerst qualitativ und dann (für die wichtigsten Risiken) quantitativ.

Risikoquantifizierung bzw. Risikobewertung umfasst zwei Teilaufgaben, nämlich die quantitative Beschreibung eines Risikos (durch eine geeignete Wahrscheinlichkeitsverteilung) und die Umrechnung dieser in eine reelle Zahl, das Risikomaß.[1] Das Risikomaß erlaubt den Vergleich und die Priorisierung von Risiken, die durch unterschiedliche Wahrscheinlichkeitsverteilungen beschrieben werden, und ein einfaches „Rechnen mit Risiken".

Für die wesentlichen Risiken gemäß Relevanzeinschätzung ist eine präzisere Quantifizierung notwendig. Dabei sollte ein Risiko zunächst durch eine geeignete (mathematische) Verteilungsfunktion beschrieben werden. Häufig werden Risiken dabei durch Eintrittswahrscheinlichkeit und (sichere) Schadenshöhe quantifiziert, was einer sog. Binomialverteilung[2] („digitale Verteilung") entspricht. Viele Risiken, wie Abweichung bei Umsatzwachstum, Instandhaltungskosten oder Zinsaufwendungen, die mit unterschiedlicher Wahrscheinlichkeit verschiedene Höhen

---

[1]Im weiteren Sinn zur Risikobewertung zu zählen ist zudem die Beurteilung, ob ein Risiko für ein Unternehmen akzeptabel ist, was vom Risikodeckungspotenzial des Unternehmens und der Risikoneigung der Unternehmensführung abhängt.

[2]Bernoulli-Verteilung.

© Springer Fachmedien Wiesbaden GmbH, ein Teil von Springer Nature 2019
W. Gleißner und M. Wolfrum, *Risikoaggregation und Monte-Carlo-Simulation*, essentials, https://doi.org/10.1007/978-3-658-24274-9_3

erreichen können, werden dagegen durch andere Verteilungsfunktionen (z. B. eine Normalverteilung mit Erwartungswert und Standardabweichung) beschrieben.

Die wichtigsten Verteilungsfunktionen im Rahmen des Risikomanagements sind Binomialverteilung, Normalverteilung und Dreiecksverteilung.[3] In der Regel werden – außer im Kontext von Versicherungen – Risiken hier nur durch eine Verteilung beschrieben. Diese Verteilung beschreibt dann die monetären Auswirkungen des Risikos in einem Jahr und integriert damit die Häufigkeit des Eintretens und Höhe der Auswirkungen des Risikos.

Eine differenziertere Betrachtung ist manchmal möglich, wenn ein Risiko durch zwei Wahrscheinlichkeitsverteilungen beschrieben wird, die dann erst wieder im zweiten Rechenschritt auf eine Wahrscheinlichkeitsverteilung der Ergebniswirkung, z. B. eines Jahres, verdichtet werden. Dabei beschreibt man das Risiko durch 1) eine Wahrscheinlichkeitsverteilung für die Häufigkeit des Risikoeintritts in einer Periode und 2) eine Wahrscheinlichkeitsverteilung für die Schadenshöhe je eingetretenem Risikofall.

Grundsätzlich können und sollten bei der quantitativen Beschreibung eines Risikos diejenigen Wahrscheinlichkeitsverteilungen genutzt werden, die dem Charakter des Risikos möglichst gut entsprechen.[4] Die Festlegung auf genau eine Art von Wahrscheinlichkeitsverteilung für alle Risiken – z. B. die Binomialverteilung mit Schadenshöhe und Eintrittswahrscheinlichkeit – ist nicht sachgerecht und nicht nötig, weil durch den Einsatz adäquater Methoden auch unterschiedliche Wahrscheinlichkeitsverteilungen zur Berechnung des Gesamtrisikoumfangs aggregiert werden können.

Der größte Teil aller Risiken wird in der Praxis von Industrie- und Handelsunternehmen nur durch die drei genannten Wahrscheinlichkeitsverteilungen beschrieben (vgl. Abb. 3.1 mit einigen typischen Verteilungen).

Traditionell Verwendung findet die Binomialverteilung, die ein Risiko nur durch Schadenshöhe und Eintrittswahrscheinlichkeit beschreibt.[5] Diese ist angemessen, wenn man sogenannte „ereignisorientierte Risiken" betrachtet. Bei diesen kann man näherungsweise davon ausgehen, dass das entsprechende Risiko

---

[3]Vgl. Gleißner und Romeike (2005, S. 211 ff.) und Albrecht und Maurer (2016).

[4]Vgl. z. B. Strobel (2012) mit Erläuterungen zur Bestimmung passender Verteilungen sowie Cottin und Döhler (2009).

[5]Damit legt man sich auf eine spezielle Binomialverteilung fest, bei der ein Ereignis in einer Periode nur genau $n = 1$-mal eintreten kann.

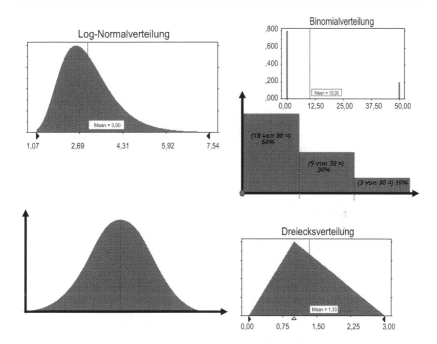

Abb. 3.1 Verteilungen

genau einmal in einem Jahr mit der Wahrscheinlichkeit p eintritt und dann eine
bestimmte monetäre Auswirkung (z. B. Schaden) zur Konsequenz hat. Typische
Anwendungsfälle sind der Verlust eines Schlüsselkunden, der Brand in einer
Fabrik, die Änderungen eines relevanten Gesetzes oder der Ausfall einer kriti-
schen Maschine. Ereignisorientierte Risiken sind damit entweder „Chance" oder
„Gefahr" – aber nicht beides zugleich.[6]

Risiken, die Chance und Gefahr zugleich darstellen, kann man z. B. durch
die Normalverteilung – die bekannte Gaußsche Glockenkurve – beschreiben.
Für ihre Spezifikation benötigt man den Erwartungswert, der aussagt, was „im
Mittel" passiert, und eine „Bandbreite" (Standardabweichung), die den Umfang

---

[6]Kann ein Ereignis mehr als einmal innerhalb eines Jahres eintreten, benötigt man dagegen
die Poisson-Verteilung oder eine allgemeine Binomialverteilung (n > 1).

„üblicher" positiver oder negativer Abweichungen spezifiziert. Die Normalverteilung ist symmetrisch, d. h. positive und negative Abweichungen sind gleich wahrscheinlich und gleich stark ausgeprägt. Die Normalverteilung findet insbesondere zur Beschreibung von Risiken Anwendung, die man als Verdichtung vieler einzelner kleiner (und unabhängiger) Einzelereignisse auffassen kann. So ist die Normalverteilung näherungsweise gut geeignet für die quantitative Beschreibung von Nachfrageschwankungen, Umsatzschwankungen, Zinsänderungs- und Währungsrisiken, Aktienrenditen sowie Rohstoffpreisänderungen (speziell also für „marktbezogene" Risiken).

Für die Beschreibung von Risiken, die entweder einen Chancen- oder einen Gefahrenüberhang aufweisen, kann man im einfachsten Fall die sogenannte Dreiecksverteilung verwenden. Bei dieser wird eine betrachtete risikobehaftete Größe (z. B. die Kosten eines Projektes) beschrieben durch a) Mindestwert, b) wahrscheinlichsten Wert und c) Maximalwert.[7] Die Dreiecksverteilung dient insbesondere zur Beschreibung asymmetrischer, „planungsbezogener" Risiken. Beispiele: risikobedingt mögliche Bandbreite des Marktanteils, der Personalkosten oder der Höhe der Investitionen in einem Projekt.

Oft ist es also hilfreich, Wahrscheinlichkeitsverteilungen zu kombinieren, z. B. Binomial- und Dreiecksverteilung: Der Schaden S tritt z. B. mit $p = 2$ %iger Wahrscheinlichkeit ein und der unsichere Schaden ist dann durch 10 (Mindestwert), 20 (wahrscheinlichster Wert) und 90 (Maximalwert) charakterisiert (Dreiecksverteilung).

Bei der Risikoquantifizierung ist zudem wichtig, explizit zwischen „Bruttowirkungen" und „Nettowirkungen" eines Risikos zu unterscheiden.[8] Für die Risikoquantifizierung sind letztlich die Nettowirkungen relevant, bei denen sämtliche momentan realisierten Risikobewältigungsverfahren (z. B. Versicherungen) bereits berücksichtigt sind (vergleiche dazu und zu anderen Grundsätzen der Risikoquantifizierung Abb. 3.2).

---

[7]Mit den gleichen Parametern kann man als eine „geschwungene" Variante zur Dreiecksverteilung eine Beta-Verteilung bzw. konkret „Beta-PERT-Verteilung" verwenden.
[8]Hierbei sind grundsätzlich auch die Konsequenzen für die Umsatz- und die Kostenentwicklung zu betrachten, um Ergebniswirkungen zu vergleichen.

Grundsätze der Risikoquantifizierung	1	**Wahl der Wahrscheinlichkeitsverteilung**	Für jedes Risiko eine passende Wahrscheinlichkeitsverteilung wählen (z.B. Normalverteilung oder Dreiecksverteilung). Ggf. auch Kombinationen von Verteilungen
	2	**Dokumentation**	Herleitung und Datengrundlage der Risikoquantifizierung begründen und dokumentieren
	3	**Quantifizierung der Risiken**	Quantifiziert werden Netto-Risiken, also das „Rest-Risiko" unter Berücksichtigung der Risikobewältigungsmaßnahmen
	4	**Erfassung von Veränderungen/ Schwankungen**	Nur unplanmäßige und unprognostizierbare Veränderungen/ Schwankungen sind bei der Risikoquantifizierung zu erfassen (Abweichungen vom Erwartungswert)
	5	**Einbindung von Informationen**	Die besten verfügbaren Informationen fließen bei der Risikoquantifizierung ein, was auch „subjektive Expertenschätzungen" sein können (deren „Schätzsicherheit" erfassbar ist – Meta-Risiko)

Abb. 3.2 Grundsätze der Risikoquantifizierung

3.2 Rechnen mit Risiken: Risikomaße[9]

Ein Risikomaß muss festgelegt werden, um unterschiedliche Risiken mit unterschiedlichen Charakteristika, Verteilungstypen, Verteilungsparametern (wie beispielsweise Schadenshöhe) vergleichbar zu machen. Risikomaße erlauben eine einfaches „Rechnen mit Risiken".

Das traditionelle Risikomaß der Kapitalmarkttheorie (CAPM, Markowitz-Portfolio) stellt die Varianz bzw. die Standardabweichung dar. Die Varianz bzw. Standardabweichung sind Volatilitätsmaße, sie quantifizieren das Ausmaß der Schwankungen einer risikobehafteten Größe um die mittlere Entwicklung (Erwartungswert).

$$\sigma(X) = \sqrt{E\big((X - E(X))^2\big)}$$

Varianz bzw. Standardabweichung sind relativ einfach zu berechnen und leicht verständlich. Allerdings berücksichtigen sie sowohl die negativen als auch die positiven Abweichungen vom erwarteten Wert. Investoren sind meistens aber eher

---

[9]In Anlehnung an Gleißner und Wolfrum (2009), vgl. vertiefend Gleißner (2017a).

an den negativen Abweichungen interessiert. So genannte Downside-Risikomaße beruhen daher auf der Idee, dass das (bewertungsrelevante) Risiko als mögliche negative Abweichung von einem erwarteten Wert angesehen wird und berücksichtigen somit lediglich diese. Hierzu gehören beispielsweise der Value at Risk, der Conditional Value at Risk oder die untere Semivarianz (ein LPM_2-Risikomaß).

Aus dem Risikomaß Standardabweichung lässt sich der sogenannte Variationskoeffizient (V) unmittelbar ableiten. Dieser ist das Verhältnis der Standardabweichung zum Erwartungswert. Er drückt damit die „relative" Schwankungsbreite um den Mittelwert (Erwartungswert) aus. Der Variationskoeffizient ist ein Maß für die Planungssicherheit und kann unmittelbar in eine risikogerechte Anforderung an die Rendite (Kapitalkostensatz) umgerechnet werden.[10]

Risikomaße lassen sich nun auf verschiedene Art und Weise weiter klassifizieren. Zum einen nach der Lageabhängigkeit. Lageunabhängige Risikomaße (wie beispielsweise die Standardabweichung) quantifizieren das Risiko als Ausmaß der Abweichungen von einer Zielgröße. Lageabhängige Risikomaße wie beispielsweise der Value at Risk hingegen sind von der Höhe des Erwartungswerts abhängig. Häufig kann ein solches Risikomaß als „notwendiges Eigenkapital" bzw. „notwendige Prämie" zur Risikodeckung angesehen werden.

Der Value at Risk (VaR), als lageabhängiges Risikomaß, berücksichtigt explizit die Konsequenzen einer besonders ungünstigen Entwicklung für das Unternehmen. Er ist definiert als Schadenshöhe, die in einem bestimmten Zeitraum („Halteperiode", zum Beispiel ein Jahr) mit einer festgelegten Wahrscheinlichkeit p (aus vorgegebenem Zielrating) nicht unterschritten wird.[11] Formal gesehen ist ein Value at Risk somit das negative Quantil Q einer Verteilung.[12]

$$VaR_{1-p}(X) = -Q_p(X)$$

Das lageunabhängige Gegenstück zum Value at Risk ist der Deviation Value at Risk (DVaR oder auch relativer VaR), der sich als Value at Risk von X-E(X) ergibt.

---

[10]Siehe dazu die Einführung in Abschn. 2.5. sowie Gleißner (2011a) und zu den Grundlagen Dorfleitner und Gleißner (2018).

[11]Mit Wahrscheinlichkeit $\alpha = 1-p$ (dem sogenannten Konfidenzniveau) wird diese Schadenshöhe somit nicht überschritten.

[12]Der risikobedingte Eigenkapitalbedarf (Risk adjusted Capital, RAC) ist ein mit dem VaR verwandtes Risikomaß, das angibt, wie viel Eigenkapital zur Risikodeckung vorhanden sein muss. Im Gegensatz zum Value at Risk wird der Eigenkapitalbedarf aber auf 0 minimiert, kann also keine negativen Werte annehmen.

$$DVaR_{1-p}(X) = VaR_{1-p}(X - E(X))$$

Der Value at Risk (und der Eigenkapitalbedarf EKB) ist ein Risikomaß, das nicht die gesamten Informationen der Wahrcheinlichkeitsdichte berücksichtigt. Welchen Verlauf die Dichte unterhalb des gesuchten Quantils (Q_p) nimmt, also im Bereich der Extremwirkungen (Schäden), ist für den Eigenkapitalbedarf unerheblich. Damit werden aber Informationen vernachlässigt, die von erheblicher Bedeutung sein können.[13] Im Gegensatz dazu berücksichtigen die Shortfall-Risikomaße – und insbesondere die sogenannten Lower Partial Moments (LPMs) – gerade eben die oft zur Risikomessung interessanten Teile der Wahrscheinlichkeitsdichte von minus unendlich bis zu einer gegebenen Zielgröße (Schranke c). Das Risikoverständnis entspricht der Sichtweise eines Bewerters, welcher die Gefahr des Shortfalls, der Unterschreitung eines von ihm festgelegten Ziels (Planrendite, geforderte Mindestrendite) in den Vordergrund stellt.[14]

---

[13]Vgl. z. B. Zeder (2007).
[14]Vgl. weiterführend Gleißner (2017a).

Risikoaggregation: Bestimmung des „Grads der Bestandsbedrohung" und Gesamtrisikoumfangs

4

4.1 Analytische Risikoaggregation: Der Varianz-Kovarianz-Ansatz

Die Aggregation von Risiken ist notwendig, um auch „bestandsgefährdende Entwicklungen" aus Kombinationseffekten mehrerer Einzelrisiken zu erkennen (zur Erfüllung der Anforderungen aus § 91 Absatz 2 Aktiengesetz notwendig). In diesem Abschnitt wird ergänzend zu den einführenden Erläuterungen in Kap. 2 die Vorgehensweise für die Risikoaggregation – einer Schlüsselfähigkeit im Kontext des Risikomanagements – erläutert. In diesem Abschnitt wird zunächst der früher bedeutende Varianz-Kovarianz-Ansatz der Risikoaggregation kurz vorgestellt. Da dieser aber nur in Spezialfällen, bei ausschließlich vorliegenden normalverteilten Risiken, anwendbar ist, steht die Risikoaggregation mittels Monte-Carlo-Simulation im Mittelpunkt dieses Kapitels. Es wird hier auch gezeigt, wie mittels Monte-Carlo-Simulation unmittelbar die Insolvenzwahrscheinlichkeit eines Unternehmens (als Grundlage für eine risikogerechte Ratingnote) bestimmt werden kann.

Der Varianz-Kovarianz-Ansatz ist ein analytisches Verfahren zur Bestimmung des Value at Risk, einer Gesamtrisikoposition, die sich aus verschiedenen Einzelrisiken additiv zusammensetzt. Der Ansatz basiert auf der in der Finanztheorie klassischen Annahme von normalverteilten Bestandsrenditen und normalverteilten Preisänderungen. Über die Volatilitäten (Standardabweichung) der Risikofaktoren wird der Value at Risk in den einzelnen Risikofaktoren ermittelt und über die Korrelationsmatrix auf die jeweilige Risikokonsolidierungsstufe aggregiert zur Gesamtrisikoposition.

Die Aggregation finanzieller Risiken kann grundsätzlich auf zwei Wegen erfolgen, analytisch oder durch Simulation. Für den analytischen Weg bedarf es

© Springer Fachmedien Wiesbaden GmbH, ein Teil von Springer Nature 2019
W. Gleißner und M. Wolfrum, *Risikoaggregation und Monte-Carlo-Simulation*,
essentials, https://doi.org/10.1007/978-3-658-24274-9_4

einer Verteilungsannahme. Beispielsweise legt das Varianz-Kovarianz-Modell eine Normalverteilung zugrunde. So kann man etwa im Rahmen der Modellierung von Risikofaktoren auf Basis eines Random Walks zu einer Normalverteilungsannahme kommen.

Der Varianz-Kovarianz-Ansatz ist einfach und schnell umzusetzen, hat aber einen häufig kritisierten Nachteil, da für alle Risikofaktoren in der Regel wie oben erwähnt eine Normalverteilung unterstellt wird. Eine Aggregation von Risiken, die verschiedenen Verteilungen folgen, ist ebenso unmöglich wie die Verbindung mit der Unternehmensplanung. Für die Praxis kann das Varianz-Kovarianz-Modell als erste schnelle Lösung dienen, um beispielsweise einen groben Eindruck von den aktuell bestehenden Risiken zu erhalten. So könnte die tägliche Risikoüberwachung mit einem Varianz-Kovarianz-Modell erfolgen, und in gewissen Abständen wären die Risikoschätzungen mithilfe von exakteren, aber komplexen und rechenaufwendigen (stochastischen) Modellen zu prüfen.

4.2   Simulationsbasierte Risikoaggregation und Monte-Carlo-Simulation

Zielsetzung der Risikoaggregation ist die Bestimmung der Gesamtrisikoposition eines Unternehmens sowie eine Ermittlung der relativen Bedeutung der Einzelrisiken unter Berücksichtigung von stochastischen Wechselwirkungen (Korrelationen) zwischen diesen Einzelrisiken, d. h. Kombinationseffekte werden erfasst.

Die Risikoaggregation kann erst durchgeführt werden, wenn die Wirkungen der Risiken unter Berücksichtigung ihrer jeweiligen Eintrittswahrscheinlichkeit, ihrer Schadensverteilung (quantitative Auswirkung) sowie ihrer Wechselwirkungen untereinander durch ein geeignetes Verfahren ermittelt werden. Die Notwendigkeit eines solchen Verfahrens wird auch von den Wirtschaftsprüfern betont, wie die Stellungnahme des IDW (Institut der Wirtschaftsprüfer) zum KonTraG (IDW PS 340) zeigt.

Bei einem integrierten unternehmensweiten Risikomanagement müssen damit Risikoaggregationsverfahren gewählt werden, die

- durch beliebige Wahrscheinlichkeitsverteilungen beschriebene Risiken erfassen können,
- dabei auch nichtadditive (beispielsweise multiplikative) Verknüpfungen der Risiken erfassen können und
- den Kontext zur Unternehmensplanung herstellen, da Risikomanagement letztlich die Planungssicherheit und den Eigenkapitalbedarf eines Unternehmens konsistent zur tatsächlichen Planung aufzeigen möchte.

Auch die so genannte historische Simulation, die in der Finanzwirtschaft häufig genutzt wird, disqualifiziert sich insofern zumindest teilweise.

Die genannten Anforderungen erfüllt nur die Risikosimulation (Monte-Carlo-Simulation), die deshalb in diesem Abschnitt näher dargestellt wird. Aufgrund der heute verfügbaren Rechenleistungen sind nahezu beliebig komplexe Planungsmodelle mit der gewünschten Exaktheit mithilfe dieses Risikoaggregationsverfahrens bearbeitbar, das im Kern als Analyse einer großen repräsentativen Stichprobe möglicher Zukunftsszenarien eines Unternehmens aufgefasst werden kann.[1]

Bei der Risikoaggregation wird beispielsweise in unabhängigen Simulationsläufen eines Excel-Modells insgesamt 5000 mal das Planungsjahr „durchgespielt" und jeweils eine Ausprägung der GuV berechnet. Dazu werden Zufallszahlen erzeugt, die den Wahrscheinlichkeitsverteilungen zu den einzelnen Risiken gehorchen. Mit diesen Zufallszahlen wird ermittelt,

- welche konkrete Ausprägung bei den verteilungsorientierten Risiken die entsprechenden Marktparameter (also z. B. die Absatzpreise) haben und
- ob ein bestimmtes ereignisorientiertes Risiko innerhalb eines Jahres (der simulierten Jahre) wirksam wurde und welche Schadenshöhe gegebenenfalls eingetreten ist.

Die so berechneten Realisationen der ereignisorientierten Risiken und die Ausprägungen der Parameter verteilungsorientierter Risiken werden entsprechend den Zusammenhängen in einer Gewinn- und Verlustrechnung ausgewertet, was letztendlich in jedem Simulationslauf zu einem Wert für Betriebsergebnis, Gewinn vor Steuer und Cashflow führt. Durch das Simulationsverfahren wird somit die nicht oder nur sehr schwer lösbare Aufgabe der analytischen Aggregation einer Vielzahl unterschiedlicher Wahrscheinlichkeitsverteilungen durch eine vielfache aber numerisch einfache Aggregation von konkreten Ausprägungen der Wahrscheinlichkeitsverteilungen ersetzt.

Aus den so ermittelten Realisationen für Betriebsergebnis, Gewinn vor Steuer und Cashflow ergeben sich aggregierte Verteilungen dieser Zielvariablen. Berechnet wird dann für diese Zielgrößen – außer dem Erwartungswert und dem Median – insbesondere als Risikomaß der Value at Risk, d. h. es wird angegeben, welche Werte dieser Kennzahlen mit beispielsweise 95 %iger Wahrscheinlichkeit nicht unterschritten werden. So wird eine „Bandbreite" der wahrscheinlichen

---

[1]Vergleiche in diesem Kontext auch Romeike (2005), S. 285 ff.

Unternehmensentwicklung ermittelt. Mithilfe einer solchen Simulation werden zudem die wesentlichen Einflussfaktoren auf diese Gesamtrisikoposition ausgewiesen.

Betrachten wir die Grundidee der Simulation etwas genauer: Zufällige Ereignisse können, wenn sie häufig genug stattfinden, dazu benutzt werden, die verschiedensten Fragen zu beantworten. Diese in der Wissenschaft schon sehr alte Erkenntnis erlangte in den letzten 20 Jahren mit dem Vormarsch der Computer eine neue Dimension der Anwendbarkeit, da es plötzlich möglich war, „zufällige" Ereignisse mit dem Computer zahlreich und billig zu erzeugen oder, wie die Fachleute sagen, zu simulieren. Da der Kern einer solchen Simulation das Erzeugen von „Zufall" ist, hat sich der Name *Monte-Carlo-Simulation* eingebürgert. Ohne Simulationen gibt es nur eine einzige Chance, ein Problem mit dem Computer zu berechnen: man benötigt eine Lösung der zugrunde liegenden Theorie (oder zumindest eine Näherungslösung), einen analytischen Ausdruck, d. h. eine Formel.

Analytische Lösungen existieren meist nur für einfache bzw. stark vereinfachte Modelle der Realität (und sind dennoch bereits oft sehr kompliziert). Für die meisten real vorkommenden Probleme sind überhaupt keine analytischen Lösungen verfügbar. Man ist auf Experimente und Messungen (Marktbeobachtungen) angewiesen, mit dem entscheidenden Nachteil, dass man eben nur Dinge beobachten kann, die bereits geschehen sind.

Die allgemeine Vorgehensweise zur Durchführung einer Monte-Carlo-Simulation lässt sich in wenigen Phasen wie folgt beschreiben:

0 Erzeugen der für die Monte-Carlo-Simulation benötigten Zufallszahlen
1 Umwandeln der Zufallszahlen in die benötigte Verteilung
2 Durchführen eines Schrittes einer Monte-Carlo-Simulation gemäß den gezogenen Zufallszahlen und der dahinterliegenden Verteilung
3 Wiederholen der Schritte 1, 2 und 3 bis eine ausreichende Anzahl von Simulationen generiert wurde, um hieraus stabile Verteilungen und Statistiken abzuleiten
4 Endauswertung: Bilden der Mittelwerte (Verteilungen) der gemessenen Größen, Berechnung des Value at Risk, Ermittlung der statistischen Fehler etc.

Im Grundsatz kann man sich die Monte-Carlo-Simulation als eine Art Stichprobenverfahren vorstellen, bei dem – analog dem Vorgehen bei Meinungsbefragungen der Marktforscher – aus einer großen, repräsentativen Stichprobe (hier von Zukunftsszenarien eines Unternehmens) auf die Grundgesamtheit geschlossen wird. Durch das Stichprobenverfahren gewinnt man eine sehr konkrete Vorstellung darüber, wie die Zukunft des Unternehmens – unter Berücksichtigung der bekannten Risiken – aussehen wird.

Zur Verdeutlichung wird im Folgenden ein einfaches Beispiel für eine Monte-Carlo-Simulation gegeben.[2] Seien beispielsweise zwei unabhängige Risiken R_1 und R_2 gegeben, mit jeweils fünf verschiedenen Ausprägungen -2, -1, 0, 1, 2. Die Wahrscheinlichkeit, dass ein Wert angenommen wird, betrage jeweils 20 %. Die gemeinsame Auswirkung der beiden Risiken, das Gesamtrisiko R, liegt im Bereich von -4 bis 4 und wird durch die folgende Tabelle beschrieben.

R_2 \ R_1	-2	-1	0	1	2
-2	-4	-3	-2	-1	0
-1	-3	-2	-1	0	1
0	-2	-1	0	1	2
1	-1	0	1	2	3
2	0	1	2	3	4

Man sieht, dass es 25 mögliche Szenarien gibt. Beispielsweise gibt es genau ein Szenario (Kombination von R_1 und R_2) mit einem Schadenswert für R ($=R_1 + R_2$) von -4; aber es gibt 5 Szenarien mit einem Wert von 0. Eine Ausprägung des Gesamtrisikos R mit dem Wert 0 ist also wesentlich wahrscheinlicher als der Wert -4.

Die möglichen Ausprägungen von R mit den jeweiligen Häufigkeiten bzw. Eintrittswahrscheinlichkeiten sind die folgenden:

Wert („Schaden")	-4	-3	-2	-1	0	1	2	3	4
Häufigkeit	1	2	3	4	5	4	3	2	1
Wahrscheinlichkeit	4 %	8 %	12 %	16 %	20 %	16 %	12 %	8 %	4 %

Der Erwartungswert für das Gesamtrisiko ist also $E(R) = 0$.

Bei der Monte-Carlo-Simulation löst man das Problem nicht analytisch, sondern mit Hilfe von Zufallszahlen. In diesem Fall benötigt man für jeden Simulationsdurchlauf zwei Zufallszahlen Z_1 und Z_2, die jeweils größer oder gleich 0 und kleiner oder gleich 1 sind. Mit deren Hilfe bestimmt man realisierte Werte für R_1 und R_2. Dazu muss man eine Funktion generieren, die unter Beachtung der

---

[2]In Anlehnung an Gleißner (2001).

Eintrittswahrscheinlichkeiten einer Zufallszahl einen Wert für ein Risiko zuweist. Für das Beispiel sei eine solche Funktion durch folgende Tabelle charakterisiert:

Z_i	$0 <= z < 0,2$	$0,2 <= z < 0,4$	$0,4 <= z < 0,6$	$0,6 <= z < 0,8$	$0,8 <= z \leq 1$
Wert (R_i)	-2	-1	0	1	2

Werden also in einem Simulationsdurchlauf beispielsweise für Z_1 die Zufallszahl 0,3584 und für Z_2 0,8897 gezogen, so hat R_1 den Wert −1 und R_2 den Wert 2. Damit hätte man ein Gesamtrisiko für R von 1 realisiert. Dieses Vorgehen wiederholt man nun beispielsweise 1000 mal, wodurch man jeweils 1000 Ausprägungen von Z_1, Z_2 und damit auch von R_1, R_2 sowie R erhält. Daraus kann nun beispielsweise der Mittelwert der 1000 realisierten Ausprägungen von R als ein Schätzer für den tatsächlichen Erwartungswert von R ermittelt werden. Man kann aber auch ein Histogramm für die Häufigkeitsverteilungen der Werte des Gesamtrisikos erstellen, das damit die geschätzte Wahrscheinlichkeitsverteilung von R wiedergibt.

Ein sehr grundsätzliches Problem bei der Risikoaggregation ergibt sich dadurch, dass man immer die Zusammenhänge (Abhängigkeiten) zwischen verschiedenen Risiken berücksichtigen muss. Die Beschreibung der Zusammenhänge zwischen Risiken erfolgt oft mithilfe einer Korrelationsmatrix[3], die aber nur lineare stochastische Abhängigkeiten erfasst. Eine Plausibilitätsprüfung einer erarbeiteten Korrelationsmatrix ist möglich, weil man grundsätzlich davon ausgehen kann, dass Risiken positiv korreliert sein müssten, wenn sie gemeinsame determinierende Ursachen aufweisen. Bei sog. „Risikofaktormodellen" wird die Abhängigkeit der Planungsposition von exogenen Risikofaktoren (z. B. Dollar-Kurs) modelliert (womit sich Korrelationen implizit ergeben).[4]

Während vollständig korrelierte Risiken (Korrelation = 1) bei der Aggregation zu addieren sind, berechnet sich die Summe völlig unkorrelierter Risiken gemäß dem „Wurzel-Ansatz": Gesamtrisiko = $\sqrt{}$(Summe der Einzelrisiken²).

Eine Aggregation aller relevanten Risiken ist erforderlich, weil sie auch in der Realität zusammen auf Gewinn und Eigenkapital wirken. Es ist damit offensichtlich, dass alle Risiken gemeinsam das Risikodeckungspotenzial eines Unternehmens belasten (siehe Abb. 4.1). Das Risikodeckungspotenzial wird letzt-

---

[3]Vgl. Deutsch (1998) und Wälder und Wälder (2017).
[4]Vgl. Gleißner (2017 f.).

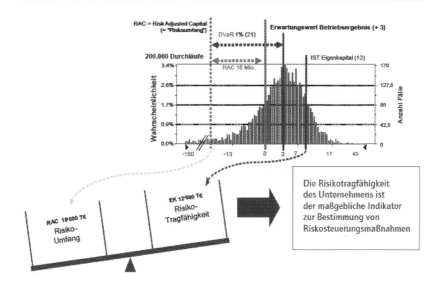

Abb. 4.1 Häufigkeitsverteilung als Ergebnis der Risikoaggregation. (Quelle: Romeike und Löffler 2007)

endlich von zwei Größen bestimmt, nämlich zum einen vom Eigenkapital und zum anderen von den Liquiditätsreserven. Den durch Risiken nicht beanspruchten Teil des Risikodeckungspotenzials bezeichnet man als (freie) Risikotragfähigkeit.[5] Die Beurteilung des Gesamtrisikoumfangs ermöglicht eine Aussage darüber, ob das Risikodeckungspotenzial eines Unternehmens ausreichend ist, um den Risikoumfang des Unternehmens tatsächlich zu tragen und damit den Bestand des Unternehmens zu gewährleisten. Meist ist aber nicht Überschuldung sondern die Illiquidität durch Verletzung von Covenants oder Mindestanforderungen an das Rating Ursache einer „bestandsgefährdenden Entwicklung".[6] Sollte der vorhandene Risikoumfang eines Unternehmens gemessen an der Risikotragfähigkeit zu hoch sein, werden zusätzliche Maßnahmen der Risikobewältigung erforderlich. Die Kenntnis der relativen Bedeutung der Einzelrisiken

---

[5]Vgl. präzisierend Gleißner und Wolfrum (2017) und Kap. 5, wo auch der Bezug zu Rating und Covenants erläutert wird.
[6]Vgl. Gleißner (2017c).

(Sensitivitätsanalyse) ist für ein Unternehmen in der Praxis wichtig, um Risiko-managementmaßnahmen zu priorisieren.

Die Risikoaggregation ist auch eine wichtige Grundlage für Risikotragfähig-keitskonzepte, die seit März 2017 auch durch den IDW PS 981[7] empfohlen werden. Mit der Risikoaggregation[8] kann bestimmt werden, ob (mit relevanter Wahrscheinlichkeit, vgl. Kap. 5) „bestandsgefährdende Entwicklungen" im Sinne § 91 Absatz 2 Aktiengesetz auftreten. Das Risikotragfähigkeitskonzept gibt zusätz-lich den „Abstand" der aktuellen Situation des Unternehmens zur kritischen Situation – der „bestandsgefährdenden Entwicklung" durch eine geeignete Kenn-zahl an. Im einfachsten Fall kann man die Risikotragfähigkeit damit auffassen als Differenz zwischen den Risikodeckungspotenzialen des Unternehmens und dem aggregierten Gesamtrisikoumfang (dem Ergebnis der Risikoaggregation).[9]

Für die Risikoaggregation kann man sich der einer Bandbreitenplanung bedienen. Hier werden zunächst die Wirkungen der Einzelrisiken bestimmten Positionen, etwa der Plan-Erfolgs-Rechnung oder der Plan-Bilanz, zugeordnet: Beispielsweise wird sich eine ungeplante Erhöhung der Rohstoffpreise auf die Position „Materialaufwand" auswirken. Ein seltener, hoher Produkthaftpflicht-schaden wird z. B. die Position „Außerordentlicher Aufwand" treffen. Eine Voraussetzung für die Bestimmung des „Gesamtrisikoumfangs" mittels Risiko-aggregation stellt die Zuordnung von Risiken zu Positionen der Unternehmens-planung dar. Somit werden die möglichen Ursachen einer Planabweichung dargestellt. Dabei können Risiken als Schwankungsbreite um einen Planwert modelliert werden (beispielsweise +/–8 % Absatzmengenschwankung). Wesent-lich ist, dass durch den Planungsbezug auch Folgewirkungen eines Risikos erfasst werden (z. B. reduziert ein Absatzmengenrückgang die variablen Kosten). In Abb. 4.2 ist das grundsätzliche Prinzip der Aggregation von Risiken sowie der Sensitivitätsanalyse dargestellt.

Zudem können auch „ereignisorientierte Risiken" (wie etwa eine Betriebsunter-brechung durch Maschinenschaden) eingebunden werden, die dann über das außer-ordentliche Ergebnis den Gewinn beeinflussen.[10] Ein Blick auf die verschiedenen

---

[7]Vgl. Wermelt et al. (2017) und Link et al. (2018).

[8]Vgl. Gleißner (2017c), S. 261–265, auch mit einem Fallbeispiel.

[9]In Anbetracht der dominierenden Bedeutung der Illiquidität als Insolvenzursache empfiehlt sich eine Operationalisierung der Risikotragfähigkeit über eine (stochastische) Rating-prognose.

[10]Neben Eintrittswahrscheinlichkeit ist hier eine Bandbreite des Schadens anzugeben, z. B. durch Mindestwert, wahrscheinlichsten Wert und Maximalwert („Dreiecksverteilung").

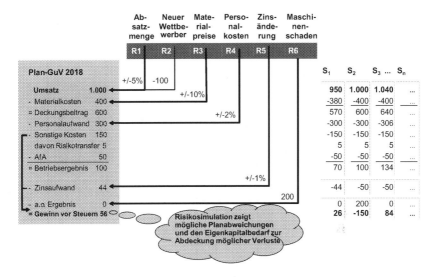

Abb. 4.2 Simulationsverfahren zur Risikoaggregation. (Quelle: Gleißner 2004, S. 355)

Szenarien der Simulationsläufe veranschaulicht, dass sich bei jedem Simulationslauf andere Kombinationen von Ausprägungen der Risiken ergeben. Damit
erhält man in jedem Schritt einen simulierten Wert für die betrachtete Zielgröße
(beispielsweise Gewinn oder Cashflow). Die Gesamtheit aller Simulationsläufe
liefert eine „repräsentative Stichprobe" aller möglichen Risikoszenarien des Unternehmens. Aus den ermittelten Realisationen der Zielgröße ergeben sich aggregierte
Wahrscheinlichkeitsverteilungen (Dichtefunktionen), die dann für weitere Analysen
genutzt werden.

Ausgehend von der durch die Risikoaggregation ermittelten Verteilungs-
funktion der Gewinne kann man unmittelbar auf den Eigenkapitalbedarf (Risk
Adjusted Capital, RAC) des Unternehmens schließen. Zur Vermeidung einer
Überschuldung wird zumindest so viel Eigenkapital benötigt, wie auch Verluste
auftreten können, die dieses reduzieren. Analog lässt sich der Bedarf an Liquidi-
tätsreserven unter Nutzung der Verteilungsfunktion der Zahlungsflüsse (freie
Cashflows) ermitteln. Ergänzend können Risikokennzahlen abgeleitet werden.
Ein Beispiel ist die Eigenkapitaldeckung, also das Verhältnis von verfügbarem
Eigenkapital zu risikobedingtem Eigenkapitalbedarf.

Formal lässt sich der Eigenkapitalbedarf über das erläuterte Risikomaß Value at
Risk (oder den Expected Shortfall/Conditional Value at Risk) operationalisieren.

Der Eigenkapitalbedarf ist damit abhängig von den aggregierten Risiken und dem akzeptierten Ziel-Rating.

Um Möglichkeit und Wahrscheinlichkeit einer „bestandsgefährdenden Entwicklung" zu bestimmen, wird auch berechnet, in wie viel Prozent aller Fälle a) Covenants oder b) Mindestanforderungen an das Rating[11] verletzt werden. Man kann die durch das Rating ausgedrückte Insolvenzwahrscheinlichkeit als „Maß der Bestandsgefährdung" auffassen. Die Insolvenzwahrscheinlichkeit ist damit die Spitzenkennzahl im Risikomanagement (und ein oft übersehener Werttreiber).[12]

Neben dem Eigenkapitalbedarf resultiert aus der Risikoaggregation auch die Standardabweichung des Gewinns oder Ertrags, einer Kenngröße, die häufig als Grundlage genutzt wird für die Bestimmung von risikogerechten Anforderungen an die Rendite (Kapitalkosten), wie in Kap. 6 ausführlicher erläutert wird. Abb. 4.3 fasst die Verfahrensweise zusammen und zeigt insbesondere, wie durch eine simulationsbasierte Ratingprognose die Wahrscheinlichkeit für „bestandsgefährdende Entwicklungen" ermittelt werden kann.

4.3   Softwareunterstützung bei der Risikoaggregation: Fallbeispiel Simulation mit Crystal Ball[13]

Nachfolgend wird ein wirksamer Weg zur Aggregation von Risiken dargestellt: Die Monte-Carlo-Simulation mit Hilfe von Microsoft Excel und der Simulationssoftware Crystal Ball.[14]

---

[11]Die Insolvenzwahrscheinlichkeit lässt sich abschätzen in Abhängigkeit von Eigenkapitalkosten (EKQ) und Gesamtkapitalkosten (ROCE). Schon mit nur zwei Finanzkennzahlen, nämlich der Gesamtkapitalrendite und der Eigenkapitalquote, ist eine einfache Abschätzung der Insolvenzwahrscheinlichkeit (und damit der angemessenen Ratingnote) möglich. Die entsprechende Formel für die Umrechnung von Gesamtkapitalrendite (ROCE) und Eigenkapitalquote (EKQ) in eine Insolvenzwahrscheinlichkeit (PD) bzw. Ratingnote ist die folgende: $PD = \frac{0{,}265}{1+e^{-0{,}41+7{,}42 \cdot EKQ+11{,}2 \cdot ROCE}}$. Die Funktion legt für die PD ein Intervall von 0 bis 0,265 fest.

Werte von p > 10 % sind „bestandsgefährdend", weil kein „B-Rating" mehr erreicht wird.

[12]Gleißner (2017g).

[13]In enger Anlehnung an Gleißner und Wolfrum (2017c); vgl. auch Gleißner und Romeike (2005).

[14]Vgl. zu weiteren Softwarelösungen zur Risikoaggregation Kamarás und Wolfrum (2017).

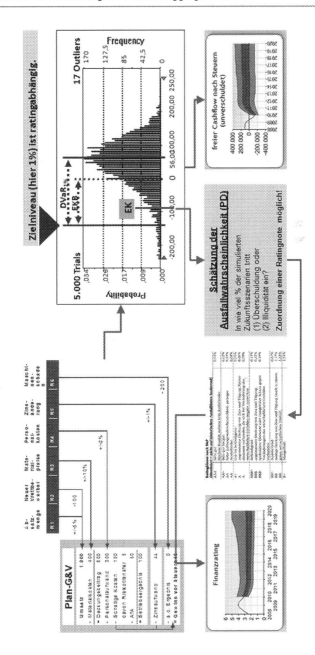

Abb. 4.3 Simulationsbasierte Ratingprognose

Der Einsatz von Crystal Ball und Excel bietet sich immer an, wenn die Aufgabenstellung lediglich in der Aggregation der Risiken besteht und insbesondere bereits eine Planung auf Excel-Basis vorliegt.

4.3.1 Die Planrechnung des Unternehmens

Ausgangspunkt für die Erstellung eines Modells für die Risikoaggregation ist eine zugrunde liegende Planrechnung. Meist wird hierbei die Gewinn-und-Verlust-Rechnung (GuV) eines Unternehmens herangezogen. Diese wird auf einem separaten Excel-Blatt „Modell" systematisch von oben nach unten aufgebaut.

Die GuV ist vereinfacht (siehe Abb. 4.4), umfasst jedoch alle Größen, um die Funktion der Risikoaggregation deutlich zu machen. Es werden gegebene Größen wie Umsatz, Material-, Personal- und sonstige Kosten sowie Abschreibungen und das Zins- und außerordentliche Ergebnis benötigt.

Es werden drei Spalten gebildet für den Plan-Wert, den Risiko-Wert und den Ist-Wert. Unter „Risiko" ist die Möglichkeit der Abweichung – positiv wie negativ – vom Plan-Wert zu verstehen. Die Addition von Plan- und Risiko-Wert ergibt den (simulierten) Ist-Wert. In einer Simulation werden in den Zellen der (simulierten)

	A	B	C	D	E	F	G
1	Plan-GuV	Jahr	2004				
2		Plan	Risiko	Ist			
3	Umsatz	1000					
4	Materialkosten	500					
5	Deckungsbeitrag	500					
6	Personalkosten	250					
7	Abschreibungen	100					
8	sonstige Kosten	50					
9	EBIT (Betriebsergebnis)	100					
10	Zinsergebnis	-25					
11	außerordentliches Ergebnis	0					
12	EBT	=B9+B10+B11					
13							
14							
15							
16							

Modell / Modellparameter / Ergebnisse /

Zeigen   NF

Abb. 4.4 Beispiel einer vereinfachten GuV. (Quelle: Gleißner 2017c, S. 266)

Ist-Werte die Szenarien als Ergebnisse des Zusammenwirkens der verschiedenen Verteilungen und damit der Risiken ausgegeben.

Diese Trennung ist das Grundgerüst des Modells.[15] Die Risikodefinition (positive oder negative Abweichung vom Planwert) impliziert, dass alle möglichen Abweichungen von der geplanten GuV-Größe aufgrund von Risiken entstehen. Rechnerisch werden diese Veränderungen in der Spalte „Risiko" modelliert. Jede zufällige Änderung in der Simulation fließt als eine mögliche zukünftige Ausprägung der betrachteten Größe in die GuV ein. Während in der Spalte „Risiko" nur die Abweichung vom Planwert erfasst ist, werden in der Spalte „Ist" die Auswirkungen auf die ursprünglich geplante Größe durch Addition abgebildet. In einem einzelnen Simulationsschritt können dort z. B. die (simulierten) Materialkosten abgelesen werden, die sich zufällig durch das Wirksamwerden eines „Materialkostenrisikos" – wie beispielsweise die Preisschwankung bei Erdöl – realisieren können.

Das Ergebnis (Gewinn vor Steuer) in der Plan-GuV ist in unserem Beispiel die relevante Zielgröße (Erfolgsmaßstab), deren Ausprägung die wirtschaftliche Situation des Unternehmens beschreibt. Jede Abweichung von diesem Ergebnis zeigt, ob ein Risiko eingetreten ist oder nicht.

4.3.2 Beschreibung der Risiken durch Verteilungsfunktionen

Welche Risiken können nun auf unsere GuV einwirken und dort Planabweichungen auslösen?

1. Zum einen werden Abweichungen von Ist-Umsatz zu Plan-Umsatz auftreten. Diese resultieren aus sich unerwartet verändernden Umsatzpreisen und/oder -mengen, die beispielsweise durch konjunkturelle Nachfrageschwankungen ausgelöst werden.
2. Ebenfalls können bei den Materialkosten Planabweichungen (Risiken) auftreten. Diese Risiken werden auf einem getrennten Tabellenblatt „Modellparameter" erfasst. Häufig können diese durch Normalverteilungen charakterisiert werden.

---

[15]Bei komplexen Modellen kann zudem ein Modell des Unternehmensumfelds mit „exogenen Risikofaktoren" (z. B. Zins, Inflation, Rohstoffpreis) nützlich sein, vgl. Gleißner (2017c), S. 261–265.

Im nächsten Schritt erfolgt die quantitative Beschreibung eines Risikos mittels Verteilungsfunktionen, deren jeweilige Parameter anzugeben sind (siehe Abb. 4.5).

Nach der Beschreibung der Verteilungsfunktionen der Risiken sind nun die Auswirkungen auf die GuV darzustellen. Es muss also eine rechnerische Verknüpfung der Risiken, d. h. der Verteilungszellen (Spalte E), mit der Planrechnung erfolgen. Wo – d. h., in welchen Planvariablen der GuV – wirken sich die einzelnen Risiken aus? Eine konjunkturelle Umsatzmengenschwankung wirkt sich beispielsweise auf die Planvariable Umsatz aus. Darüber hinaus wirkt sie aber indirekt über die Rechenlogik des Planungsmodells eventuell auch auf die Kosten, wenn man von variablen Kosten ausgeht.

Absatzpreisschwankungen wirken sich nur auf den Umsatz aus. Absatzmengenschwankungen hingegen betreffen auch die variablen Kosten. Dies muss in der Modellstruktur ebenfalls berücksichtigt werden.

	A	B	C	D	E	F
2	Dreieckverteilung	Minimal	Likeliest	Maximal	Verteilung	
3	Umsatzmengenschwankung	-10%	0%	5%	0%	
4	Umsatzpreisschwankung	-5%	0%	2%	0%	
5	Normalverteilung	Erwartungswert	Standardabweichung		Verteilung	
6	Materialkostenschwankung	0%	5%		0%	
7	Personalkostenschwankung	0%	2%		0%	
8						
9	Dreipunktverteilung					
10	Forderungsausfall	Eintrittswahrsch.	Schadenhöhe			
11	Kleinschaden	20%	5			
12	Mittlerer Schaden	5%	60			
13	Großschaden	1%	250			
14	Digitale Verteilung	Eintrittswahrsch.	Schadenhöhe in % vom Planumsatz			
15	Großkundenverlust	10%	20%			
16						

Modell \ **Modellparameter** / Ergebnisse /

Eingeben   NF

Abb. 4.5 Eingabe Parameterwerte. (Quelle: Gleißner und Wolfrum 2011, S. 249)

Die Kostenvariabilität spiegelt den Einfluss der Umsatzmengenschwankung auf die Material- bzw. Personalkosten wider. Die Variabilitätsfaktoren (Sensitivitäten oder Elastizitäten) werden auf dem Blatt „Modellparameter" erfasst.

4.3.3 Anlegen von Crystal-Ball-Verteilungen für Risiken

In den folgenden Schritten werden die Verteilungsfunktionen für die verschiedenen Risiken eingegeben (Crystal-Ball-Funktion „Define Assumption", siehe Abb. 4.6).

Für das Risiko „Umsatzmengenschwankung" wird anschließend der Zellbezug für die Parameter Min, Likeliest und Max eingegeben, wodurch die Verteilungsfunktion des Risikos eindeutig definiert ist (siehe Abb. 4.7).

Analog wird für die Umsatzpreisschwankung verfahren. Für die Normalverteilungen (Normal Distribution) der Personal- und Materialkostenschwankungen wird ebenfalls derart vorgegangen. Hier sind die einzugebenden Parameter des Risikos der Mittelwert (Mean) und die Standardabweichung (Std. Dev).

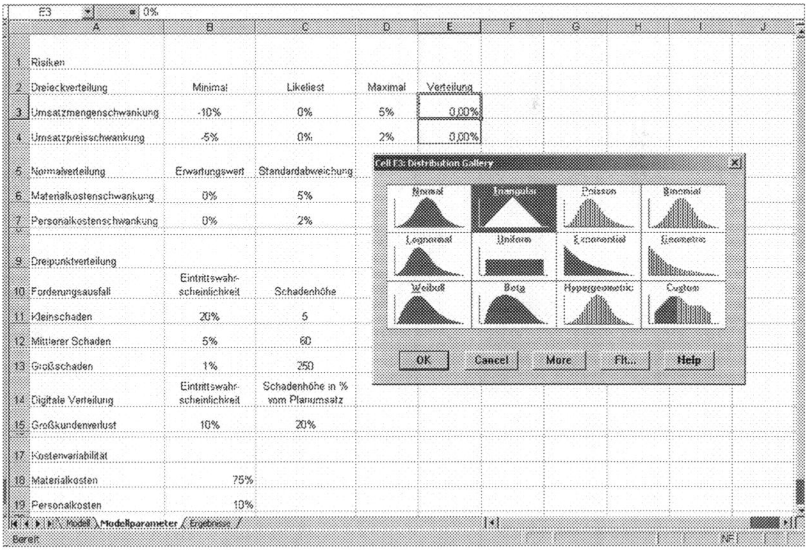

Abb. 4.6 Anlegen einer Verteilungsfunktion mit Crystal Ball. (Quelle: Gleißner und Wolfrum 2011, S. 254)

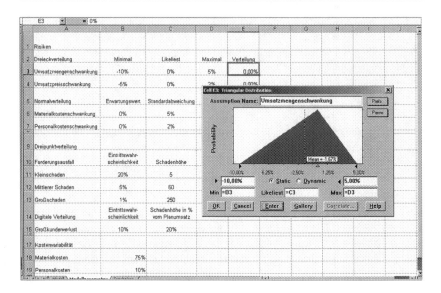

Abb. 4.7 Eingabe der Parameter der Dreieckverteilung „Umsatzmengenschwankung". (Quelle: Gleißner und Wolfrum 2011, S. 255)

Beim Aufbau von Simulationsmodellen ist Expertenwissen – speziell aus Controlling und Risikomanagement – erforderlich, um

- ein geeignetes Planungsmodell (mit den Abhängigkeitsstrukturen) zu entwickeln und
- Risiken adäquat quantitativ zu beschreiben (durch Verteilungsfunktionen).

Die explizite Transparenz über die Risiken schafft die Voraussetzung, um die hiermit implizit zugrunde gelegten (unsicheren) Annahmen auch zu diskutieren.

Bevor die weiteren Risiken modelliert werden, können schon erste Zwischenergebnisse ermittelt werden. Hierzu ist es lediglich notwendig, die Zielvariablen für die Simulation zu definieren. Laut Vorgabe sind dies der Deckungsbeitrag, das EBIT und das EBT. Für diese Größen sollen die risikobedingten Schwankungsbreiten (Planungssicherheit) bestimmt werden. Die aggregierte, risikobedingte Schwankungsbreite der letztendlichen Zielgröße (Erfolgsmaßstab) – hier also EBT – zeigt den Gesamtrisikoumfang. Mit der Crystal-Ball-Funktion „Define Forecast" werden die zu analysierenden Variablen ausgewählt, für den Report benannt und mit der zugehörigen Einheit versehen (siehe Abb. 4.8).

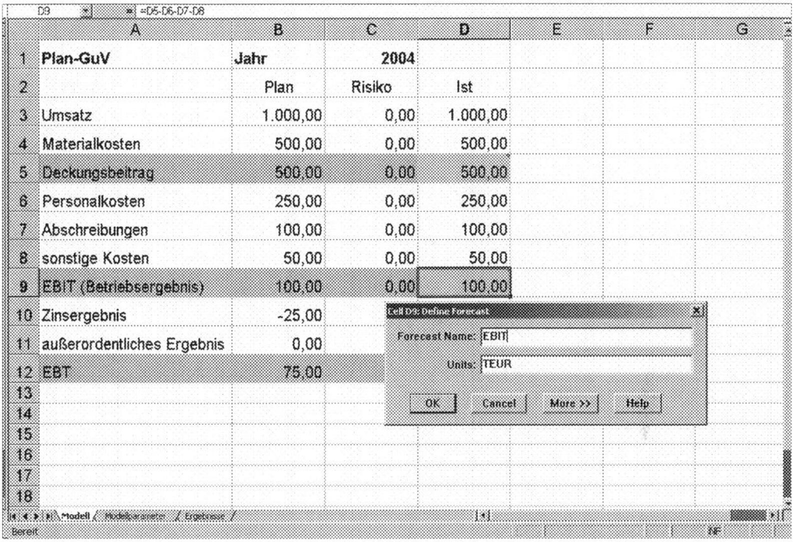

Abb. 4.8 Anlegen von Zielgrößen der Simulation. (Quelle: Gleißner und Wolfrum 2011, S. 257)

Für diese Zielgrößen werden in einer Simulation Häufigkeitsverteilungen erstellt. Diese werden dann statistisch ausgewertet, was Aussagen erlaubt beispielsweise über die Gesamtrisikoposition des Unternehmens (Schwankungsbreiten des EBT) oder den risikobedingten Eigenkapitalbedarf (d. h. die realistische Verlusthöhe).

Nach vollständiger Definition der Modellparameter, des Modells der GuV und Durchführung eines Simulationslaufes kann man nun mit der Darstellung und Auswertung der Ergebnisse beginnen. Bei diesem Simulationslauf werden also z. B. 50.000 risikobedingte Szenarien berechnet und so alle Risiken simultan auf die Zielvariablen aggregiert. Betrachtet werden hier die drei Forecast-Zellen Deckungsbeitrag (DB), EBIT und EBT, die die Zielvariable der Unternehmensplanung zeigen.

Anfangs werden jeweils der Erwartungswert und die Standardabweichung (Streuung) als Risikomaß ausgewiesen. Diese Werte errechnet Crystal Ball automatisch aus den Simulationen.

Für die Auswertung werden die Quantile in symmetrischer Anordnung um den Median (das 50 %-Quantil) untersucht. Der Quantilswert auf dem x %-Niveau gibt den Wert an, für den gilt, dass x % aller Datenwerte kleiner diesem Wert sind.

Nächster Punkt der Untersuchung ist das Risk Adjusted Capital (RAC). RAC meint die Höhe des zur Deckung des Risikos erforderlichen Eigenkapitals eines Jahres (risikobedingter Eigenkapitalbedarf oder Risikokapital), bezogen auf ein bestimmtes Sicherheitsniveau (z. B. 95 %). Dies entspricht dem Risikomaß „Value at Risk".[16] Grundüberlegung dabei ist, dass die Aufgabe des Eigenkapitals eines Unternehmens die Deckung von Verlusten ist.

Das Risk Adjusted Capital (RAC) ist die Differenz von Null und dem mit dem Sicherheitsniveau (z. B. 95 %) korrespondierenden Quantilswert (also dann 5 %). Gesucht wird also zunächst der Wert des EBT, der mit beispielsweise 95 %iger Wahrscheinlichkeit nicht unterschritten wird. Ist dieser Wert kleiner als Null, kann das Unternehmen in die Verlustzone rutschen: Somit muss genauso viel Eigenkapital zur Verlustdeckung vorgehalten werden. Daher ist das RAC stets Null, wenn das dazugehörige Quantil an der Stelle positiv ist. Ist das Quantil negativ, so ist das RAC – definiert als Verlustgefahr – gleich dem Betrag des Quantils. Die Formel bezieht sich daher auf den bereits errechneten Wert des Quantils.

Crystal Ball bietet auch die Möglichkeit, die Simulationsergebnisse der Häufigkeitsverteilungen grafisch anzuzeigen (siehe Abb. 4.9).

Der ursprüngliche Planwert des EBT betrug 75. Der Erwartungswert („Mean") der Simulation liegt nur bei knapp 29,5. Dies ist zum einen durch die Berücksichtigung des negativen Ergebnisbeitrags möglicher Großkundenverluste (20) und zum anderen des möglichen Forderungsausfalles (6,5) zu erklären, die in die ursprüngliche Planung nicht eingingen. Nach Abzug dieser möglichen Verluste würde der „neue" Erwartungswert bei 48,5 liegen. Darüber hinaus werden bei den möglichen Umsatzabweichungen asymmetrische Verteilungen verwendet, sodass Planwert und Erwartungswert divergieren. Es handelt sich hier also um eine nicht erwartungstreue Planung. Durch das Aggregationsmodell wird somit aufgezeigt, inwieweit Planwert und Erwartungswert durch die Berücksichtigung von Risiken auseinanderfallen können.

Bei der Simulation des EBT fällt die relativ starke Häufung von extrem negativen Werten auf. Diese Ungleichmäßigkeit der Verteilung ergibt sich vor allem aus der Möglichkeit des Großkundenverlustes.

Bezogen auf ein Sicherheitsniveau von 95 % ergibt sich ein relativer Value at Risk (größtmögliche Abweichung vom erwarteten Wert) von ca. 185. Der risikobedingte Eigenkapitalbedarf (RAC) auf demselben Sicherheitsniveau berechnet

---

[16]Der Value at Risk (VaRp) ist der Schaden, der mit der vorgegebenen Wahrscheinlichkeit p innerhalb einer Planperiode nicht überschritten wird, vgl. Gleißner (2017a).

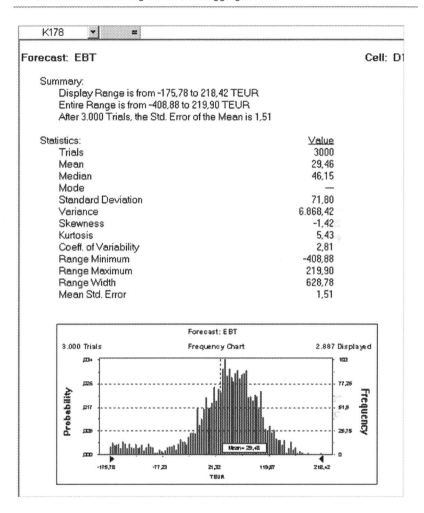

Abb. 4.9 Beispiel eines Reports aus Crystal Ball. (Quelle: Gleißner und Wolfrum, 2011, S. 260)

sich zu ca. 155, d. h., mit 95 %iger Sicherheit reicht ein Eigenkapital von 155, um risikobedingte Verluste zu tragen und eine Überschuldung zu vermeiden.

Um Möglichkeit und Wahrscheinlichkeit einer „bestandsgefährdenden Entwicklung" zu bestimmen, wird auch berechnet, in wie viel Prozent aller Fälle (a) Covenants oder (b) Mindestanforderungen an das Rating verletzt werden. Man kann die durch das Rating ausgedrückte Insolvenzwahrscheinlichkeit als „Maß der Bestandsgefährdung" auffassen.

Mit diesen Informationen der Risikoaggregation können leicht weitere Kennzahlen für die Unternehmensführung abgeleitet werden, speziell Performancemaße. Zu nennen ist die Eigenkapitaldeckung (Eigenkapital/Eigenkapitalbedarf) und die sogenannte Risikorendite (RORAC = Return on Risk adjusted Capital), also die Relation von erwartetem Gewinn (EBT) zu Eigenkapitalbedarf (RAC). Im Beispiel gilt:

$$RORAC = \frac{EBT}{RAC} = \frac{29{,}46}{155{,}15} = 19\%$$

Diese Kennzahl charakterisiert das Rendite-Risiko-Profil und hilft beim Abwägen von erwartetem Ertrag und Risiken. Werte oberhalb von 15 % sind dabei ökonomisch akzeptabel, wenn man Eigenkapitalkosten in dieser Höhe annimmt.[17]

Aus der Risikoaggregation unmittelbar als Kenngröße für das Ertragsrisiko abgeleitet werden kann die Standardabweichung des Gewinns (in Euro) bzw. der Variationskoeffizient, der die relative (prozentuale) Schwankungsbreite des Gewinns ausdrückt. Im Fallbeispiel ist der Variationskoeffizient 71,8/29,5 = 243 %. Dieser sehr hohe Variationskoeffizient zeigt die hohe Planungsunsicherheit. Den Variationskoeffizienten kann man als Grundlage für eine risikogerechte Unternehmensbewertung (z. B. bei der Strategiebewertung) nutzen und mittelbar in

---

[17]Für eine Herleitung der „ratingabhängigen" Eigenkapitalkosten als Anforderung an die risikogerechten Eigenkapitalkosten in Abhängigkeit der akzeptierten Insolvenzwahrscheinlichkeit siehe Gleißner (2005 und 2011a) und Gleißner (2017a), S. 347–378.

einen risikogerechten Kapitalkostensatz umrechnen: mehr Risiko führt zu höheren Anforderungen an die zu erwartende Rendite (Kapitalkosten).[18]

Die Notwendigkeit der Aggregation der Risiken (im integrierten Planungsmodell) auch über mehrere Jahre hinweg lässt sich leicht erkennen. Schwerwiegende Krisen, „bestandsbedrohende Entwicklungen" oder gar Insolvenzen entstehen nämlich meist nicht schon, wenn Risiken in einem einzelnen Jahr schwerwiegende negative Planabweichungen (Verluste) auslösen. I. d. R. ist das Risikodeckungspotenzial (Eigenkapital und Liquiditätsreserven) ausreichend, um ein sich dadurch ergebendes „temporäres Stressszenario" zu überleben. Die Realisierung risikobedingter Verluste z. B. im Geschäftsjahr 01 führt aber dazu, dass sich das Risikodeckungspotenzial für das folgende Geschäftsjahr 02 vermindert.

Die Verluste reduzieren das Eigenkapital und vorhandene Liquiditätsreserven werden abgebaut. Noch gravierender ist meist, dass mit der Reduzierung der Ertragskraft in einem Jahr und der damit einhergehenden Verschlechterung des Ratings auch der Kreditrahmen des Folgejahres reduziert wird. Eingetretene Risiken führen damit potenziell nicht nur zu einem höheren Liquiditätsbedarf, sondern zugleich auch zu einer Abnahme der verfügbaren Liquiditätsreserve (und damit zu einem Refinanzierungsrisiko).[19] Bestandsbedrohende Entwicklungen und Insolvenzen sind in einer überwiegenden Anzahl der Fälle auf Illiquidität[20] zurückzuführen und diese tritt oft gerade dann ein, wenn bestehende Kreditlinien reduziert oder gekündigt werden – oder Kredite oder emittierte Anleihen refinanziert werden müssen. Zu beachten ist zudem, dass mit einer Reduzierung der Eigenkapitalquote und der Rentabilität des Unternehmens es auch zu einem Anstieg der durch das Rating ausgedrückten Insolvenzwahrscheinlichkeit kommt, die die Banken wahrnehmen.[21] Ein damit einhergehender Anstieg der Fremdkapitalzinssätze (bei oft zugleich erhöhten Fremdkapitalbestand) führt zu einem überproportionalen Anstieg des Zinsaufwands im

---

[18]Bei üblichen Annahmen über den risikolosen Zinssatz r_f den Marktpreis des Risikos (λ) und die Risikodiversifikationsmöglichkeiten der Eigentümer (d$=0{,}5$) ergibt sich ein Kapitalkostensatz $k = \frac{1+r_f}{1-\lambda \cdot V \cdot d} - 1 = \frac{1+3\,\%}{1-0{,}25 \cdot 243\,\% \cdot 0{,}5} - 1 = 48\,\%$

Vgl. Gleißner (2011a) zur Herleitung der Kapitalkosten als risikogerechte Anforderung an die zu erwartende Rendite. Λ zeigt das Rendite-Risiko-Profil der Alternativanlage (vgl. Fn 10).

[19]Siehe Gleißner (2017a).

[20]Vgl. Nickert und Lamberti (2015) zu Insolvenzen.

[21]Siehe Gleißner und Füser (2014) zu den entsprechenden Modellen.

Folgejahr, was die Ertragskraft weiter schwächt und das Entstehen „bestands-
bedrohender Entwicklungen" begünstigt.[22]

Ergänzend zum beschriebenen Effekt der Reduzierung der Risikotragfähig-
keit ist der Sachverhalt zu beachten, dass viele Risiken selbst „intertemporale
Abhängigkeiten" aufweisen, d. h., die Wahrscheinlichkeit und die Höhe der
Risikoauswirkungen in einem Jahr t beeinflusst die Risikohöhe im Folgejahr
$(t+1)$. Wenn bspw. Wechselkursrisiken im Geschäftsjahr 01 zu negativen Plan-
abweichungen geführt haben, ist das eingetretene, ungünstige Niveau dieses
Wechselkurses am Ende 01 gerade der Startpunkt für das Geschäftsjahr 02.
Bezogen auf die ursprüngliche Planung (z. B. am Anfang 01) startet man also in
02 schon mit ungünstigeren Voraussetzungen. Die Bandbreite der unsicheren Ent-
wicklung dieses exogenen Risikofaktors nimmt mit der Zeit zu. Für die adäquate
Abbildung des zeitlichen Verlaufs von Risiken benötigt man sog. „stochastische
Prozesse"[23], die man sich als „mehrperiodige Wahrscheinlichkeitsverteilungen"
vorstellen kann.

---

[22]Um diesem Sachverhalt im Rahmen der Unternehmensplanung gerecht zu werden, fordern
entsprechend die „Grundsätze ordnungsgemäßer Planung" Ratingprognosen und zum pro-
gnostizierten Rating konsistente Annahmen über die Entwicklung der zukünftigen Fremdkapitalzinssätze (unsicheren) und des davon abhängigen Zinsaufwands.

[23]Vgl. z. B. Schlittgen/Streitberg (2001).

Anwendung der Risikoaggregation: Messung der Risikotragfähigkeit

In enger Anlehnung an Gleißner/Wolfrum (2017).

Die Etablierung von Konzepten für Risikotragfähigkeit und Risikotoleranz ist die unmittelbare Weiterentwicklung der zur Erfüllung der gesetzlichen Anforderungen aus § 91 AktG nötigen Risikoaggregationsmodelle.

Ergänzend zur bisher üblichen frühen Erkennung „bestandsgefährdender Entwicklungen" (mittels Risikoanalyse und Risikoaggregation) ist es für die risikoorientierte Unternehmenssteuerung wesentlich, ein Konzept für die Risikotragfähigkeit (und gegebenenfalls ergänzend die Risikotoleranz) zu etablieren. Dieses zeigt den „Abstand" von der aktuellen Situation zu einer unerwünschten oder gar bestandsgefährdenden Entwicklung.[1]

Ergänzend zu dem Zahlenwert für Risikotragfähigkeit (oder Risikotoleranz) ist es sinnvoll die Wahrscheinlichkeit anzugeben, dass – unter Beachtung der vorhandenen Risiken und möglicher Kombinationseffekte – risikobedingt mögliche Verluste die (freie) Risikotragfähigkeit z. B. im Laufe des nächsten Geschäftsjahres aufbrauchen (und damit das Risikodeckungspotenzial überstrapazieren). Die Kenntnis der freien Risikotragfähigkeit ist offenkundig wichtig für Finanzierungsentscheidungen und die Ableitung von Obergrenzen für die Ausschüttung an die Gesellschafter.

Neben der Risikotragfähigkeit kann man auch Risikotoleranz und Risikoappetit angeben (siehe Abb. 5.1).

---

[1]Vgl. zur Definition und rechtlichen Einordnung Gleißner (2017 f.).

© Springer Fachmedien Wiesbaden GmbH, ein Teil von Springer Nature 2019
W. Gleißner und M. Wolfrum, *Risikoaggregation und Monte-Carlo-Simulation,*
essentials, https://doi.org/10.1007/978-3-658-24274-9_5

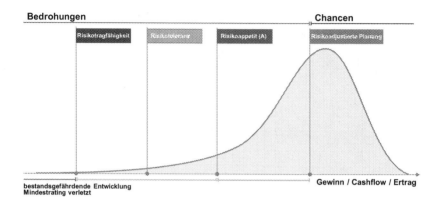

Abb. 5.1 Zeit, Risikotragfähigkeit, Risikotoleranz und Risikoappetit im Kontext

1. Die Risikotragfähigkeit misst den Abstand des aktuellen „Status quo" zu dem Punkt, der als „bestandsgefährdende Entwicklung" im Sinne § 91 Absatz 2 Aktiengesetz angesehen werden muss (z. B. also bis zum Verlust eines B-Ratings oder der Verletzung von Covenants).

2. Die Risikotoleranz misst entsprechend den Abstand von „Status quo" zu (anspruchsvolleren) Anforderungen an ein von dem Unternehmen gewünschtes Mindestrating, z. B. „Sicherung des Investmentgrade-Ratings" (BBB-).

Im Grundsatz kann man zwei „Hauptvarianten" zur Messung der Risikotragfähigkeit unterscheiden.[2]

1. Risikotragfähigkeit – Konzeption 1: Als (freie) Risikotragfähigkeit wird der maximale (liquiditätswirksame) Verlust verstanden, bei dem ein (durch Finanzkennzahlen abgeschätztes) für die Liquiditätssicherung notwendiges Mindest-Rating (Ratingnote: B) sichergestellt bleibt.

2. Risikotragfähigkeit – Konzeption 2: Die (freie) Risikotragfähigkeit ist die Differenz zwischen dem Risikodeckungspotenzial[3] und dem aggregierten Gesamtrisikoumfang (im einfachsten Fall der Eigenkapitalbedarf). Dieser misst z. B. den Umfang möglicher Verluste, der mit einer vorgegebenen (vom Mindest-Rating) abhängigen Wahrscheinlichkeit nicht überschritten wird (Value at Risk).

---

[2]Vgl. Gleißner (2017a).

[3]Zu operationalisieren über Eigenkapital und/oder freie Liquidität, inklusive möglicher Kreditrahmen.

Beide Konzeptionen erscheinen zunächst recht unterschiedlich, wenngleich die gemeinsame Logik – Aufzeigen eines noch zusätzlich verkraftbaren risikobedingten Verlusts – offensichtlich wird. Erkennbar ist auch, dass beide Konzeptionen nicht ohne einen Bezug zu einem Mindestrating (und damit einer akzeptierten Insolvenzwahrscheinlichkeit p) auskommen.[4] Der z. B. im Rahmen der Risikopolitik zu regelnde maximal akzeptierte Risikoumfang[5] wird operationalisiert über die noch akzeptierte Insolvenzwahrscheinlichkeit (bzw. das Zielrating). Da schon aufgrund der Restriktionen seitens der Gläubiger für die Sicherstellung der Finanzierung im Allgemeinen ein B-Rating (p ungefähr 5 %) notwendig ist, wird sich die Risikotragfähigkeit höchstens auf dieses Niveau beziehen, d. h. bezogen auf das Mindestrating von B ergibt sich die höchste Risikotragfähigkeit. Bei einer geringeren Risikotoleranz bzw. höherer Risikoaversion wird die Unternehmensführung ergänzend ein höheres Mindestrating (z. B. BB oder BBB–) festlegen, was zu einem höheren Anspruchsniveau führt.

Bei der Messung der Risikotragfähigkeit gemäß Konzeption 1 kann man vordergründig (oder vereinfachend) auf eine simulationsbasierte Risikoaggregation (Monte-Carlo-Simulation) und sogar auf eine Risikoanalyse verzichten. Es bleibt damit aber auch unklar, mit welcher Wahrscheinlichkeit Kombinationseffekte mehrerer bestehender Risiken den berechneten Maximalverlust (freie Risikotragfähigkeit) auslösen. Es ist damit nicht erkennbar, mit welcher Wahrscheinlichkeit das vorgegebene Mindestrating verletzt wird. Um dieses grundlegende Manko von Risikotragfähigkeitskonzept 1 zu beheben, kann neben der Höhe der (freien) Risikotragfähigkeit „in Euro" eine zusätzliche Kennzahl angeben werden: die Wahrscheinlichkeit, dass die vorhandene Risikotragfähigkeit ausreicht (also positiv bleibt). Diese Zusatzinformationen, die auch die Brücke zu Messkonzept gemäß 2 darstellen, lassen sich unmittelbar aus der zur Erfüllung der gesetzlichen Anforderungen notwendigen Risikoaggregation mittels Monte-Carlo-Simulation ableiten.

---

[4]Eine höhere Risikotragfähigkeit gemäß Konzeption 1 führt im Allgemeinen auch zu einer höheren Risikotragfähigkeit gemäß Konzeption 2, wobei beide Messverfahren aber nur unter besonderen Nebenbedingungen direkt ineinander überführt werden können (Bei der Existenz von Covenants sind diese hier ergänzend zu berücksichtigen).

[5]Siehe zu Risikoumfang als Nebenberechnung die Safety-First-Konzepte auch Roy (1952); Kataoka (1963) und Telser (1955).

In jedem Simulationslauf wird dann geprüft, ob am Ende der simulierten Periode die dann vorhandene Risikotragfähigkeit positiv ist oder nicht. Bei der Messung der Risikotragfähigkeit gemäß Konzeption 2 wird eine Risikoaggregation durchgeführt, und damit werden auch Kombinationseffekte bestehender Risiken ausgewertet. Dieses Verständnis der Risikotragfähigkeit korrespondiert unmittelbar mit den Anforderungen aus § 91 Absatz 2 Aktiengesetz (KonTraG), demzufolge „bestandsgefährdende Entwicklungen" früh zu erkennen sind, da sich diese meist aus Kombinationseffekten von Risiken ergeben (was gerade die Risikoaggregation erforderlich macht).

Sowohl aus dem Risikotragfähigkeitskonzept Konzeption 1 als auch dem nach Konzeption 2 ergeben sich konkrete Kennzahlen, die in etwas unterschiedlicher Weise den „Abstand" der aktuellen Situation des Unternehmens zu einer „bestandsgefährdenden Entwicklung" ausdrücken (und aufgrund der zentralen Bedeutung als ein neuer Key-Performance-Indikator, KPI, angesehen werden können). Es ist dabei zur Förderung der Aussagefähigkeit oft sinnvoll, wenn ein solches Risikotragfähigkeitskonzept zwei Kennzahlen umfasst. Wählt man speziell ein Risikotragfähigkeitskonzept der Konzeption 1, könnten dies die beiden folgenden Kennzahlen sein:

a) Risikotragfähigkeitswert: maximaler Umfang eines (liquiditätswirksamen) Verlusts den das Unternehmen verkraften kann, ohne dass das Rating unter „B" absinkt.

b) Wahrscheinlichkeit, dass bei den gegebenen Risiken in (z. B. einem Jahr) der Risikotragfähigkeitswert (siehe a) negativ wird.

Zusammenfassung

6

Die Risikoaggregation ist die zentrale Schlüsseltechnologie im Risikomanagement, weil ohne sie der Gesamtrisikoumfang (Eigenkapitalbedarf) des Unternehmens nicht bestimmt werden kann und es nicht möglich ist, „bestandsgefährdende Entwicklungen" aus Kombinationseffekten von Einzelrisiken zu erkennen (wie der Gesetzgeber fordert). Die Risikoaggregation ist darüber hinaus notwendig für die Verknüpfung von Risikomanagement, Controlling und wertorientierter Unternehmenssteuerung. Sie ermöglicht die Beurteilung von Planungssicherheit, die Bestimmung einer risikogerechten Finanzierungsstruktur (Eigenkapitalbedarf) und die Ableitung von risikogerechten Kapitalkostensätzen (ohne die Notwendigkeit des Rückgriffs auf historische Aktienrenditeschwankungen, wie typischerweise beim Capital Asset Pricing Model).

Bei dieser Risikoaggregation werden die quantifizierten Risiken in den Kontext der Unternehmensplanung gestellt, das heißt, es wird jeweils aufgezeigt, welches Risiko an welcher Position der Planung (Erfolgsplanung) zu Abweichungen führt. Mithilfe der Monte-Carlo-Simulation kann dann eine große repräsentative Anzahl möglicher risikobedingter Zukunftsszenarien berechnet und analysiert werden. Damit sind Rückschlüsse auf den Gesamtrisikoumfang, die Planungssicherung und eine realistische Bandbreite z. B. des Unternehmensergebnisses möglich.[1] Aus der ermittelten risikobedingten Bandbreite des Ergebnisses kann unmittelbar auf die Höhe möglicher risikobedingter Verluste und damit auf den Bedarf an Eigenkapital und Liquidität zur Risikodeckung geschlossen werden, was wiederum

---

[1]Vgl. Füser et al. (1999) und Gleißner (2016a).

© Springer Fachmedien Wiesbaden GmbH, ein Teil von Springer Nature 2019
W. Gleißner und M. Wolfrum, *Risikoaggregation und Monte-Carlo-Simulation*,
essentials, https://doi.org/10.1007/978-3-658-24274-9_6

Rückschlüsse auf das angemessene Rating zulässt. Auf diese Weise können auch Risikokennzahlen wie die Eigenkapitaldeckung bestimmt werden, die das Verhältnis des verfügbaren Eigenkapitals zum Eigenkapitalbedarf anzeigt, und stochastische Ratingprognosen erstellt werden. Die Risikoaggregation ist auch Grundlage vieler Risikotragfähigkeitskonzepte.

Was Sie aus diesem *essential* mitnehmen können

- Die Monte-Carlo-Simulation ist ein computerbasiertes Verfahren, um eine große repräsentative Anzahl risikobedingt möglicher Zukunftsszenarien zu berechnen.
- Die Monte-Carlo-Simulation ermöglicht die Verknüpfung einer traditionellen (einwertigen) Unternehmensplanung mit quantifizierten Chancen und Gefahren (Risiken), um realistische Bandbreiten der Zukunftsentwicklung angeben zu können (Bandbreitenplanung).
- Ohne den Einsatz der Monte-Carlo-Simulation für die Risikoaggregation ist es nicht möglich – wie vom Gesetzgeber im KonTraG gefordert – mögliche „bestandsgefährdende Entwicklungen" auch aus Kombinationseffekten von Einzelrisiken zu erkennen.
- Die Monte-Carlo-Simulation ist die Grundlage für eine risikoorientierte Unternehmensführung (z. B. eine risikogerechte Bewertung von Investitionen) und relativ einfach z. B. durch die Erweiterung einer Excel-Planung (mittels Simulationssoftware) umsetzbar.

© Springer Fachmedien Wiesbaden GmbH, ein Teil von Springer Nature 2019   51
W. Gleißner und M. Wolfrum, *Risikoaggregation und Monte-Carlo-Simulation*, essentials, https://doi.org/10.1007/978-3-658-24274-9

Literatur

Albrecht, P., & Maurer, R. (2016). *Investment- und Risikomanagement. Modelle, Methoden, Anwendungen* (4. Aufl.). Stuttgart: Schäffer Poeschel.

Braunschmidt, J., Knoll, L., & Trageser, C. (2017). Risikomanagement im Spiegel deutscher Fachbücher. *Risiko-Manager, 14*(10), 8–23.

Coenenberg, A. (1970). Unternehmensbewertung mithilfe der Monte- Carlo- Simulation. *Zeitschrift für Betriebswirtschaft, 1970*(12), 793–804.

Cottin, C., & Döhler, S. (2009). *Risikoanalyse. Modellierung, Beurteilung und Management von Risiken mit Praxisbeispielen*. Wiesbaden: Springer Fachmedien.

Deutsch, H. P. (1998). Monte-Carlo-Simulationen in der Finanzwelt. In R. Eller (Hrsg.), *Handbuch des Risikomanagements – Analyse, Quantifizierung und Steuerung von Marktrisiken in Banken und Sparkassen* (S. 259–313). Stuttgart: Schäffer-Poeschel.

Dorfleitner, G., & Gleißner, W. (2018). Valuing streams of risky cashflows with risk-value models. *Journal of Risk, 2018*(3), 1–27.

Füser, K., Gleißner, W., & Meier, G. (1999). Risikomanagement (KonTraG). Erfahrungen aus der Praxis. *Der Betrieb, 15,*753–758.

Gleißner, W. (2001). Identifikation, Messung und Aggregation von Risiken. In W. Gleißner & G. Meier (Hrsg.), *Wertorientiertes Risikomanagement für Industrie und Handel* (S. 111–137). Wiesbaden: Gabler.

Gleißner, W. (2005). Die Aggregation von Risiken im Kontext der Unternehmensplanung. *Zeitschrift für Controlling & Management (ZfCM), 5,*350–359.

Gleißner, W. (2005). Kapitalkosten: Der Schwachpunkt bei der Unternehmensbewertung und im wertorientierten Management. *Finanz Betrieb, 4,*217–229.

Gleißner, W. (2011a). Risikoanalyse und Replikation für Unternehmensbewertung und wertorientierte Unternehmenssteuerung. *Wirtschaftswissenschaftliches Studium (WiSt), 7*(2011), 345–352.

Gleißner, W. (2011b). Risikomanagement: Datenprobleme und unsichere Wahrscheinlichkeitsverteilungen. In A. Klein. (Hrsg.), *Risikomanagement und Risiko-Controlling* (S. 205–222). Freiburg: Haufe-Lexware.

Gleißner, W. (2014). Kapitalmarktorientierte Unternehmensbewertung: Erkenntnisse der empi-rischen Kapitalmarktforschung und alternative Bewertungsmethoden. *Corporate Finance, 4,*151–167.

© Springer Fachmedien Wiesbaden GmbH, ein Teil von Springer Nature 2019   53
W. Gleißner und M. Wolfrum, *Risikoaggregation und Monte-Carlo-Simulation*,
essentials, https://doi.org/10.1007/978-3-658-24274-9

Gleißner, W. (2015a). *Der Vorstand und sein Risikomanager. "Dreamteam" im Kampf gegen die Wirtschaftskrise.* Konstanz: uvk.

Gleißner, W. (2015b). Controlling und Risikoanalyse bei der Vorbereitung von Top-Management-Entscheidungen – Von der Optimierung der Risikobewältigungsmaßnahmen zur Beurtei-lung des Ertrag-Risiko-Profils aller Maßnahmen. *Controller Magazin, 4,* 4–12.

Gleißner, W. (2016a). Reifegradmodelle und Entwicklungsstufen des Risikomanagements: ein Selbsttest. *Controller Magazin, 6,* 31–36.

Gleißner, W. (2016b). Unternehmenswert, Ertragsrisiko, Kapitalkosten und fundamentales Beta – Studie zu DAX und MDAX. *BewertungsPraktiker, 2,* 60–70.

Gleißner, W. (2017a). *Grundlagen des Risikomanagements* (3. Aufl.). München: Vahlen.

Gleißner, W. (2017b). Risikomanagement, KonTraG und IDW PS 340. *WPg, 3*(2017), 158–164.

Gleißner, W. (2017c). Bandbreitenplanung über mehrere Jahre: Planungssicherheit mit der Monte-Carlo-Simulation. In W. Gleißner & A. Klein (Hrsg.), *Risikomanagement und Controlling* (2. Aufl., S. 111–128). München: Haufe-Lexware.

Gleißner, W. (2017d). Entscheidungsvorlagen für den Aufsichtsrat: Fallbeispiel Akquisition. *Der Aufsichtsrat, 4*(2017), 54–57.

Gleißner, W. (2017e). Bandbreitenplanung über mehrere Jahre: Planungssicherheit mit der Monte-Carlo-Simulation. In W. Gleißner & A. Klein (Hrsg.), *Risikomanagement und Controlling* (2. Aufl., S. 111–128). München: Haufe-Lexware.

Gleißner, W. (2017f). Was ist eine „bestandsgefährdende Entwicklung" i.S. des § 91 Abs. 2 AktG (KonTraG)? *Der Betrieb, 2017*(47), 2749–2754.

Gleißner, W. (2017g). Das Insolvenzrisiko beeinflusst den Unternehmenswert: Eine Klar-stellung in 10 Punkten. *BewertungsPraktiker, 2*(2017), 42–51.

Gleißner, W., & Füser, K. (2014). *Praxishandbuch Rating und Finanzierung* (3. Aufl.). München: Vahlen.

Gleißner, W., & Klein, A. (Hrsg.). (2017). *Risikomanagement und Controlling – Chancen und Risiken erfassen, bewerten und in die Entscheidungsfindung integrieren* (2. Aufl.). München: Haufe-Lexware.

Gleißner, W., & Presber, R. (2010). Die Grundsätze ordnungsgemäßer Planung – GoP 2.1 des BDU: Nutzen für die betriebswirtschaftliche Steuerung. *Controller Magazin, 6,*82–86.

Gleißner, W., & Romeike, F. (2005). *Risikomanagement. Umsetzung, Werkzeuge, Risikobewertung; Controlling, Qualitätsmanagement und Balanced Scorecard als Plattform für den Aufbau.* Freiburg im Breisgau: Haufe.

Gleißner, W., & Wolfrum, M. (2001). Risiko: Grundlagen aus Statistik, Entscheidungs- und Kapitalmarkttheorie. In W. Gleißner & G. Meier (Hrsg.), *Wertorientiertes Risikomanagement für Industrie und Handel* (S. 139–160). Wiesbaden: Gabler.

Gleißner, W., & Wolfrum, M. (2009). Risikomaße, Performancemaße und Rating: die Zusammenhänge. In R. M. Hilz-Ward (Hrsg.), *Risk Performance Management. Chancen für ein besseres Rating* (S. 89–109). Wiesbaden: Gabler.

Gleißner, W., & Wolfrum, M. (2011). Szenario-Analyse und Simulation. Ein Fallbeispiel mit Excel und Crystal Ball. In R. Gleich (Hrsg.), *Challenge Controlling 2015: Trends und Tendenzen; auf dem Weg zum Business Partner, Effizienz und Effektivität des Controllings steigern, Neue Reporting-Trends – Planung mit Szenarien, Green Controlling: Nachhaltigkeit als Zukunftsthema, Controlling und Compliance* (S. 241–264). Freiburg: Haufe.

Gleißner, W., & Wolfrum, M. (2017a). Risikotragfähigkeit, Risikotoleranz, Risikoappetit und Risikodeckungspotenzial. *Controller Magazin, 6*(2017), 77–84.

Gleißner, W. & Wolfrum. M. (2017b). Szenario-Analyse und Simulation: ein Fallbeispiel mit Excel und Crystal Ball. In W. Gleißner & A. Klein (Hrsg.), *Risikomanagement und Controlling* (2. Aufl., S. 315–337). München: Haufe-Lexware.

Graumann, M. (2014). Die angemessene Informationsgrundlage bei Entscheidung. *WISU, 3*(2014), 317–320.

Grisar, C. & Meyer, M. (2015a). Use of simulation in controlling research: a systematic literature review for German-speaking countries. *Management Review Quarterly* (26. Oktober 2015), 1–41.

Grisar, C., & Meyer, M. (2015b). Use of Monte Carlo simulation: an empirical study of German, Austrian and Swiss controlling departments. *Journal of Management Control, 26*(2–3), 249–273.

Hempel, M., & Offerhaus, J. (2008). Risikoaggregation als wichtiger Aspekt des Risikomanagements. In Deutsche Gesellschaft für Risikomanagement (Hrsg.), *Risikoaggregation in der Praxis* (S. 3–13). Berlin: Springer.

Kamarás, E., & Wolfrum, M. (2017). Software für Risikoaggregation: Gängige Lösungen und Fallbeispiel. In W. Gleißner & A. Klein (Hrsg.), *Risikomanagement und Controlling* (2. Aufl., S. 289–314). München: Haufe-Lexware.

Kataoka, S. (1963). A Stochastic Programming Model. *Econometrica, 31*(1963), 181–196.

Klein, M. (2011). *Monte-Carlo-Simulation und Fuzzyfizierung qualitativer Informationen bei der Unternehmensbewertung.* Univ. Nürnberg, Diss., Nürnberg.

Link, M., Scheffler, R., & Oehlmann, D. (2018). Quo vadis Risikomanagement? *Controller Magazin, 1*(2018), 72–78.

Lorenz, M. (2006). Rechtliche Grundlagen des Risikomanagements. *Zeitschrift Risk, Fraud & Governance (ZRFG), 1,*5–10.

von Metzler, L. (2004). *Risikoaggregation im industriellen Controlling.* Lohmar: Eul.

Nickert, C., & Lamberti, U. H. (2015). *Überschuldungs- und Zahlungsunfähigkeitsprüfung im Insolvenzrecht* (3. Aufl.). Köln: Carl Heymanns.

Priske, H. (2015). *Monte Carlo Simulation: Für Softwareentwickler – und Menschen die mit ihnen reden müssen.* Scotts Valley: CreateSpace Independent Publishing Platform.

Rieg, R. (2015). Break-Even-Analyse im Mehrproduktfall unter Unsicherheit und Risiko. *Controller Magazin, 4*(2015), 76–82.

Romeike, F. (2005). Dynamische Finanzanalyse (DFA) in der Versicherungswirtschaft. In F. Romeike & M. Müller-Reichart (Hrsg.), *Risikomanagement in Versicherungsunternehmen. Grundlagen, Methoden, Checklisten und Implementierung* (S. 285). Weinheim: Wiley-VCH.

Romeike, F. (2007). *Rechtliche Grundlagen des Risikomanagement – Haftungs- und Straf-vermeidung für Corporate Compliance.* Berlin: Erich Schmidt.

Romeike, F., & Hager, P. (2013). *Erfolgsfaktor Risikomanagement 3.0: Lessons learned, Methoden, Checklisten und Implementierung.* Wiesbaden: Springer.

Romeike, F., & Löffler, H. F. (2007). Ergebnisse der Expertstudie „Wert- und Effizienzsteigerung durch ein integriertes Risiko- und Versicherungsmanagement". *Zeitschrift für Versicherungswesen, Heft, 12*(2007), 402–408.

Roy, A. (1952). Safety first and the holding of assets. *Econometrica, 20*(1952), 431–449.

Schlittgen, R., & Streitberg, B. H. J. (2001). *Zeitreihenanalyse* (9. Aufl.). Oldenbourg: De Gruyter.

Strobel, S. (2012). *Unternehmensplanung im Spannungsfeld von Ratingnote, Liquidität und Steuerbelastung.* Zugl.: Erlangen-Nürnberg, Univ., Diss. 2011, Hamburg.

Telser, L. (1955). Safety First and Hedging. *Review of Economic Studies, 23,*1–16.

Vanini, U. (2012). *Risikomanagement – Grundlagen, Instrumente, Unternehmenspraxis.* Stuttgart: Schäffer-Poeschel.

Vanini, U. & Heise, L. (2017). Monte-Carlo-Simulation in der GuV-Planung des Audi-Konzerns – Eine Fallstudie. In L. Nadig & U. Egle (Hrsg.), *CARF Luzern 2017 Konferenzband: Bd. 43. Schriften aus dem Institut für FDL Zug IFZ* (S. 547–562). Luzern. https://www.hslu.ch/de-ch/wirtschaft/agenda/veranstaltungen/2017/09/07/carf-luzern-2017/.

Wälder, K., & Wälder, O. (2017). *Methoden zur Risikomodellierung und des Risikomanagements* (S. 2017). Wiesbaden: Springer Fachmedien.

Walkshäusl, C. (2013). Fundamentalrisiken und Aktienrenditen – Auch hier gilt, mit weniger Risiko zu einer besseren Performance. *CORPORATE FINANCE biz, 3*(2013), 119–123.

Wermelt, A., Scheffler, R., & Oehlmann, D. (2017). Risikomanagement und Unternehmenssteuerung – Welchen Mehrwert liefert der neue IDW PS 981 „Grundsätze ordnungsmäßiger Prüfung von Risikomanagementsystemen"? *Controller Magazin, 5*(2017), 84–88.

Zeder, M. (2007). *Extreme Value Theory im Risikomanagemen.* zugl. Univ. Zürich, Diss, Zürich.

Printed in the United States
By Bookmasters